Warum dürfen

<u>NUR</u> Hunde

im Stehen pinkeln?

SATI(E)RISCHES

aus dem harten Leben des Hundetrainers

Joachim Klein

*Bibliografische Information der Deutschen Nationalbibliothek:
Die Deutsche Nationalbibliothek verzeichnet diese Publikation in der
Deutschen Nationalbibliografie; detaillierte bibliografische Daten sind
im Internet über http://dnb.dnb.de abrufbar.*

© *2013 Name des Autors/Rechteinhaber: Joachim Klein*

*Illustration: Joachim Klein
Übersetzung: Joachim Klein*

*Herstellung und Verlag: BoD – Books on Demand, Norderstedt
ISBN: 978-3-8482-6327-1*

Dieses Buch

schildert auf humorvolle und anschauliche Weise wahre Begebenheiten aus dem harten Leben eines Hundetrainers oder besser

„Verhaltenstrainer
für Hundeführer"

und den ihm ausgelieferten Wesen

Mensch & Hund .

Es ist ein Mix aus Anekdötchen, Tipps, humoristischen Einlagen rund um diese einzig-, teilweise un-artigen Wesen (gilt übrigens gleichermaßen für Mensch und Hund).

Dieses Werk ist kein Leer-Buch und auch kein Lehr- oder Fachbuch. Trotzdem ist es mit dem Versuch ausgestattet, dem geneigten Leser auf humorvolle Art und Weise den Alltag mit seinem Hund „anders" - vielleicht entspannter – näher zu bringen.

Ganz nebenbei geht es der *hoch wissenschaftlichen* Frage nach

„Warum dürfen NUR Hunde im Stehen pinkeln?"

Sollte Sie dieses Buch zum Schmunzeln bringen, so hat sich meine Mühe gelohnt.

Ich wünsche Ihnen viel Spaß beim Lesen!

Inhaltsverzeichnis

Zum Buchtitel 1
Vorwörter 3
Vorwort: Zu den Tipps 5
Vorwort: Zur Person Joachim Klein 8
Polly 13
Scooby 17
Tipp 1: Die Verwöhnfalle 23
Mein erster Schultag! 25
Sind Hunde berechnend? 27
Sondereinsatz-Truppe 29
Rollentausch 32
Kernseife 33
Rabattmarken 35
Wenn die Augen größer sind als der Bauch 37
Tipp 2: Entscheidungen 39
Zaungäste und sonstige Begleiter 41
Zweithund 44
Hausaufgaben 45
Jesus 47
Stille Stunde 48
Gorilla-Entfernungs-Service 50
Beppels 51
Handy 4 Dogs 53
Tipp 3: Slalomerziehung 56
Willkommen im Frauen – Links-Kurs 58
Der beißt nicht 61
Geschlechtsspezifische Wurftechniken 62

Die gehorsche aber gut! 65
Tipp 4: Eigene Emotionen 67
Angstschweiß 69
Bitte - Papa hilf! 71
Passende Antworten für Hundebesitzer 73
Warum Hundeschule oder Hundeverein? 74
Hundekuchen 76
Manche nennen mich auch Zicke! 77
Tipp 5: Lobfaulheit!!! 79
Das kannst Du vieeeellll besser! 81
Guten Morgen – Aufstehen !!!! 83
„Tür zu?" 85
Scooby verarscht mich! 87
Alf – Das U-Boot 89
Tipp 6: Parken 91
Das klappt nicht mehr so richtig 93
Der Pinsel 94
Das Jahr der Möpse 96
Der Mops-Trainer 98
Sprachlosigkeit beim Trainer 99
Tipp 7: Mit dem Hund arbeiten 101
Beliebte Hundenamen 103
Alte Frau schnell machen! 104
Nachttraining und Nebenwirkungen 106
Der Menschenflüsterer! 107
Tipp 8: Bedürfniskonflikte 109
Der liebt Dich! 111
Der Mops von Fräulein Lunden 112

Ins Gras gebissen! 113
Etikette 115
Elefantenknochen 117
Tipp 9 Bindung 119
Kommando: Hier 121
Warum ich meinen Hund nicht SEX nennen sollte. 123
Zum Schluss 125
Tipp 10: Kind und Hund 127
Abschließend zum Buchtitel 129
Epilog 130
Hey Chef! War das ALLES? 131

PS: Etwaige Namensähnlichkeiten zu bekannten und unbekannten Personen oder Hunden sind rein zufällig und in keiner Weise beabsichtigt.

Zum Buchtitel

Je höher das Bein, desto mehr Dominanz - heißt es. Wenn er dann dabei umkippt, ist es vorbei mit der Dominanz und er wird zur Lachnummer.

Sehr kreative Geister - siehe Titelbild - versuchen sogar die Schwerkraft außer Kraft zu setzen. Aber denkt daran "Don't piss in the wind!", sonst wird es etwas feucht im Gesicht.

Komischerweise fragen nur Frauen, warum Rüden im Stehen pinkeln, also das Bein heben. Weibchen (im nachfolgenden Hündinnen genannt) tun es übrigens auch!

Wahrscheinlich assoziieren Frauen: Rüde = Mann.

Keine Frau fragt ihren Mann: „**WARUM** pinkelst du im Stehen?"

Wir kennen alle nur dieses Genörgel „Setz dich hin beim Pinkeln!", oder das vorwurfsvolle: „Musst Du immer im Stehen pinkeln?". Mancherorts endet es in einer Arbeitsanweisung:

Weitere interessante Ausführungen zu diesem menschlichen Thema finden sich in der Quelle: http://www.stupidedia.org/stupi/Sitzpinkler

Tief in ihrem Innersten - nur wissen sie es noch nicht - würden die Frauen es aber auch gerne (können)! Nur sind sie wohl von der Evolution benachteiligt worden.

Vorwörter

Ja - Sie haben richtig gelesen! Nicht nur ein Vorwort, sondern mehrere also sogenannte „Vorwörter" gibt es hier gratis dazu.

Jetzt fragen Sie sich, warum mehrere Vorwörter – oder heißt es doch Vorworte? Oh Mann, deutsche Sprache - schwere Sprache. Dieses Dilemma hat mich beim Schreiben die ganze Zeit begleitet. Zu Schulzeiten stand in meinem im Fach Deutsch ein „Ausreichend" mit dem Zusatz „... mit Rücksicht auf die lieben Eltern!".

Zurück zu den Vorwörtern. Ich bin der Meinung, dass der Leser – in diesem Fall also SIE – wissen sollte, auf wen oder was er sich hier einlässt.

Ein kleiner Tipp: Nehmen Sie hier nicht alles zu Ernst!

Übrigens, einen Hund mit dem Namen „Ernst" habe ich noch nicht gehabt. Ist mal ein Versuch wert, deswegen wird „Ernst" uns in diesem Buch auch begleiten.

„Ernst Bleib!" oder besser „Bleib Ernst!".

Mein Anliegen ist, etwas mehr Spaß und Humor in das Thema Hundeerziehung und Hundeausbildung zu bringen.

Die Anekdötchen - es handelt sich hierbei um wahre Begebenheiten - zusammen mit den Tipps könnten Sie vielleicht zum Nachdenken über das Miteinander von Mensch und Hund anregen. Für die daraus entstehenden Nebenwirkungen bin ich aber keineswegs verantwortlich.

Jeder Hund und jeder Mensch ist einzigartig. Und wenn sich dann zwei mehr oder weniger freiwillig zusammen tun, beginnt ein spannender gemeinsamer Weg, der auch viel Spaß machen kann. Witz und Komik bringen oft mehr Verständnis für das andere Ende der Leine.

Also, dieses Buch ist etwas „Wider den tierischen Ernst".

„Komm Ernst!"

Schon an dieser Stelle:

Es gibt viel zu wenig Lob für die Hunde!!!

„Brav Ernst!"

Vorwort: Zu den Tipps

Mit meinen Tipps möchte ich den geneigten Leser dazu ermuntern, sein „Tun" im Umgang mit seinem Hund immer wieder aufs Neue zu reflektieren.

„Warum?" - Weil Sie von dem abgewichen sind, was Sie sich vor einiger Zeit im Umgang mit Ihrem Hund vielleicht fest vorgenommen haben.

Auch wenn Sie meinen „Mir passiert das nicht!". Ich kann Ihnen versichern, es passiert jedem! In meinem Training helfen mir meine Teilnehmer, weil ich Ihnen erlaube, mir zu sagen, wenn ihnen etwas auffällt. Dann kann ich überlegen, was ich daraus mache, ob es in mein Trainingskonzept/-ziel hinein passt oder mir nicht. Und danach, was ich dann gegebenenfalls bei mir ändern muss.

Diese Tipps werden Sie im ganzen Buch verstreut wiederfinden. Lesen Sie den Tipp dann einfach, denken etwas darüber nach oder lassen es sein. Nutzen Sie diese Tipps als Anregungen, wenn Sie vielleicht beim Lesen der Lektüre ein Déjà-vu haben.

Und sollte es Ihnen ganz zufällig passieren, dass Sie sich selbst ertappen ... dann stellen Sie sich vor einen Spiegel, lachen Sie über sich selbst und sprechen sich ein dickes, fettes Lob aus. Dabei dürfen Sie sich auch selbst anerkennend auf die Schulter klopfen (taktile Reize sind in der Hundeerziehung sehr, sehr wichtig).

Denn der erste und beste Weg zur Besserung ist die Selbsterkenntnis. Und genau die beginnt bei uns als Mensch!

Aber: Lob brauchen wir mindestens genauso wie unsere Hunde!

Es ist gar nicht schlimm, Fehler zu machen, daraus lernen wir alle am besten. Übrigens, auch unsere Hunde arbeiten nach dem Prinzip „Try and Error" und sie sollten von uns für das gewünschte Ergebnis gelobt werden. Während der Arbeit ignorieren wir dann das „unerwünschte Verhalten", natürlich nur soweit es geht.

Im Vordergrund sollte immer die „Positive Verstärkung" stehen.

Es gibt tausende hilfreiche und gute Tipps in der Hundeerziehung. Ich möchte gar nicht alle hier aufführen, dafür existieren die Fachbücher.

Für Sie habe ich mich auf die Tipps konzentriert, die aus meiner Erfahrung heraus Allgemeingültigkeit haben, unabhängig davon, welches Ziel Sie mit Ihrem Hund verfolgen.

Sie bieten die wesentlichen Lösungsansätze zu den am häufigsten auftretenden Problemstellungen und finden erfolgreich in meinem Teilnehmerkreis Anwendung.

Apropos Ziel:
(Jetzt folgt die Auflösung zu dem obigen „Warum?")

Machen Sie sich selbst bitte wieder klar, welche(s) Ziel(e) Sie sich mit Ihrem Hund gesetzt haben. Auf diese Frage bekomme ich fast immer großes Schweigen und dann vielleicht „Er soll funktionieren!".

DIES ist kein Ziel!

Denken Sie bitte darüber nach! Nur wenn ich ein Ziel vor Augen habe, kann ich zielgerichtet auch mit meinem Hund arbeiten.

Und ganz, ganz wichtig:

Der Hund ist kein Mensch!

Er stammt nach wie vor vom Wolf ab, ist zwar von den Menschen domestiziert worden, aber ist und bleibt ein Hund! Ein Hund möchte artgerecht (also wie ein Hund) behandelt werden.

"Du meinst: Dominanzverhalten?"

„Ernst – Aus!"

Vorwort: Zur Person Joachim Klein

Ich - Joachim Klein bin ein Hundetrainer, der von sich sagt, er sei kein Trainer für Hunde, da ich die Hundeführer/innen trainiere.

Das wäre ja auch Unsinn, denn schließlich wollt Ihr doch, dass Eure Hunde bei Euch „funktionieren". Hundeführer, die neu zu mir kommen, benutzen das Wort „Funktionieren" recht häufig. Doch dann nach einiger Zeit der Zusammenarbeit wird dieses komische Wort schnell und durch „Teamwork" ersetzt.

Deswegen nenne ich meine Tätigkeit auch

    „Verhaltenstrainer für Hundeführer".

Schließlich wollt **Ihr** ja mit Eurem Hund zufrieden sein.

Jeder Mensch und jeder Hund ist ein wunderbares Individuum für sich. Kommen diese zwei Individuen zusammen, dann fangen die Herausforderungen an.

Wünschenswertes Ziel meiner Arbeit ist, Euch dabei zu unterstützen, ein Team zu werden.

    Eine Einheit, die sichtbar eine vertrauensvolle Bindung hat.
    Eine Einheit, die Spaß miteinander hat.
    Eine Einheit, bei der es Freude bereitet, den Umgang miteinander zu beobachten.

Die Begeisterung an der Arbeit mit Eurem Hund zu vermitteln, auch wenn es mal wieder schwierig wird, das sehe ich mit als eine Aufgabe von Hundetrainern. Dazu benötigt ein Hundetrainer neben der emotionalen Intelligenz auch ein sehr großes Fachwissen rund um den Hund.

Meine Ausbildung und langjährige Tätigkeit als Personal Coach und Prozessberater hilft mir, die Hintergründe verschiedener Verhaltensweisen von Mensch und Hund zu erfassen und zu analysieren.

Ich bin ausgebildeter Trainer beim HSV Rhein Main und leite seit über 6 Jahren die Trainingseinheiten in unserem Hundeverein.

Viele verschiedene Weiterbildungsseminare, die aktive Tätigkeit im Hundesport, mannigfaltige Literatur und das wesentlichste überhaupt, die praktische Arbeit (mittlerweile blicke ich auf weit über 10.000 Stunden Erfahrung in der Hundeausbildung zurück) sind eine gute Basis für die Arbeit mit Mensch und Hund (Vierbeiner jeglicher Rasse und Größe).

Meine Tätigkeitsschwerpunkte (im Einzelunterricht oder in der Gruppe) sind die Erziehung in der Hundegrundschule, Ausbildung im Begleithundetraining und Obedience, Hundesport Agility von Fun bis Turnierläufer sowie Agility Trainingscamps.

Vor allem unsere lebenslange Verantwortung für unsere Hunde steht bei mir im Vordergrund. Es gibt kein Alter in dem ein Hund nichts tun kann. Er dankt es Euch durch große Freude und Treue. Deswegen ist es für mich wichtig, neben den normalen Trainings noch mehr anzubieten.

Es gibt noch viel mehr aufzuzählen, wie beispielsweise Mobilisierungstrainings (Wissen über Skelett und

Muskulatur), Ernährung, Gesundheit, Trainingsaufbau, über die Sinnesorgane der Hunde und wie man sie gezielt für das Training einsetzt um das genetisch veranlagte Jagdverhalten für sich zu nutzen (Anti-Jagd Training), das richtige Spielen mit dem Hund bis hin zum gelenkschonenden Kontaktzonentraining im Agilitysport.

Damit der Hund auch einen Partner an seiner Seite hat, der weiß, WAS er tut, nutze ich oftmals auch Teile des Mentaltrainings. Ziel dieser Trainingsmethode ist, dass der Hundeführer erst in „Trockenübungen" ohne seinen Hund, sich sein Trainingsvorhaben selbstsicher erarbeitet und dann sicheren Schrittes seinen Hund „mitnimmt".

Sozusagen zum Schutz für den Hund, damit er nicht erst unnötig Falsches lernt, was dann mühsam umkonditioniert werden muss.

Manchmal arbeite ich auch mit der „Stillen Stunde": Die Hunde verstehen unsere Sprache nicht. Und das ist auch oft besser so. „Stille Stunde" bedeutet, die Hundeführer dürfen ihre Hunde nicht zu texten, dürfen einfach mal still sein. Das ist anstrengend, aber der Hund dankt es.

Wie Hunde denken, ist nach wie vor nicht eindeutig bewiesen. Schließlich können sie nicht mit uns reden und sagen: „Ja - DU hast Recht!". Dieses würden wir gerne hören, aber meistens sagt das Hundeverhalten uns genau das Gegenteil.
Das einzige, was uns hilft den Hund zu verstehen, ist die Verhaltensforschung, die sich immer neue Erkenntnisse erarbeitet. Für die Hundetrainer heißt das natürlich, bisheriges Wissen in Frage zu stellen, neues Wissen aufzunehmen und in ihr Trainingskonzept einzubauen.

Der Hund hat an uns als Rudelführer (ja – diese Rolle benötigt er von Euch) ganz besondere Bedürfnisse und Erwartungen. Im Rahmen von Vorträgen, wie „Wer ist der Boss?", versuche ich dieses Wissen und die Erkenntnisse hierüber an die Hundeführer zu vermitteln.

Dazu gehört unter anderem auch der richtige Einsatz der Stimme. Da wir nicht frei von Emotionen sind, passt zu der positiven Verstärkung „erwünschten Verhaltens" - neben der Stimme - auch der richtige Einsatz des Clickers.

Mittlerweile arbeite ich mehrmals im Jahr auch für Vereine in Irland in den Bereichen Agility und Obedience (Unterordnung).

Last but not least – ohne meine Hunde „Polly" und „Scooby" geht das Ganze natürlich nicht und vergessen habe ich sie auch nicht.

Die beiden denken gerade, jetzt sitzt „der" wieder vorm PC, wo wir doch viel lieber raus wollen. Polly wirft ab und an stechende und vorwurfsvolle Blicke aus ihrem Körbchen.

Während ich diese Zeilen gerade schreibe, liegt Scooby eingerollt zu meinen Füßen, demonstrativ den Hintern mir zugewandt, und grunzt alle paar Minuten immer lauter, um Aufmerksamkeit zu bekommen.

Aber zunächst möchte ich meine beiden Hunde doch auch gebührend vorstellen. Von ihnen habe ich am meisten gelernt. Ich glaube nicht, dass sie dasselbe umgekehrt sagen würden.

Polly

Ich bin „Lady Polly". Die absolute Chefin auf dem Platz!

Nun zu meiner Person. Ich bin eine wunderschöne und sehr wählerische Hundedame, habe ein nettes Outfit väterlicherseits von der Marke „Border", aber nicht diese „langhaarige Bombenleger" – Serie, nein ein schöner Kurzhaarschnitt. Mehr habe ich von meinem Daddy nie gesehen.

Ich bin mit drei Geschwistern – 1 Schwester, 2 Brüder aufgewachsen. Wir hatten eine tolle Kinderstube, durften alles tun und lassen, was wir wollten.

So ab der vierten Woche habe ich dann meinen jetzigen Chef gesehen. Es war Liebe auf den ersten Blick. Ich lasse ihn immer noch in dem Glauben, das ER mich ausgesucht hat. Hauptsache mir geht es bei ihm super gut. Mittlerweile bin ich schon über 8 Jahre alt, aber das sieht man mir natürlich NICHT an!

Meine schlanke Taille und sportliche Figur habe ich logischerweise von meiner Mama „Anka". Ebenso den starken Charakter und meine hervorragenden Manieren.

Damit meinen die Menschen die Art und Weise, wie wir Hunde miteinander kommunizieren, mit „gelben" und „roten" Karten. Anders verstehen die Menschen uns wohl nicht.

Achtung: „Gelbe Karte!"

Ich weiß genau, was ich will, und ganz genau, was nicht! Wehe, einer meint, ER müsste als Erster auf mich zukommen. Dem zeige ich schon sehr genau, was ich davon halte. Meistens reicht der Blick von unten leicht nach oben rechts oder links, dann sagen die immer „hups" und gehen schnell. Jetzt sind die auch so richtig „weich gekocht". Ich gehe auf sie zu, setze mich ganz brav neben sie, lasse meinen Sabber etwas aus den Lefzen laufen (das heißt: Ich habe was verdient!), schaue sie ganz treu von unten an ... und dann gibt es immer mindestens ein Leckerli.

Wenn nicht? Das geht gar nicht. Ich setze dann meinen Hypnoseblick ein, damit kann ich länger und tiefer in sie hinein schauen, als sie das aushalten.
Der Griff in die Leckerli Tasche funktioniert dann immer!

Ach so, mein Chef hat dummerweise – so als ich zwei war – gedacht, ich wäre ein „ängstlicher Hund". Da hat er sich richtig Sorgen gemacht, wusste nicht mehr weiter und hat sich dann ein „tolles" Buch gekauft. „Der ängstliche Hund". So ein Blödsinn, als ob ich ängstlich bin. Nur weil ich nicht alles gleich tue, was der gerne hätte? Der Trick hat bis jetzt auch immer gut gewirkt ... und dann gab´s immer wieder Leckerlis.
Dummerweise merkte er aber, dass ich nur so tue. Mist, jetzt muss ich doch etwas für die Leckerlis tun. *Seufz*

Mittlerweile reißen sich die Leute im Verein darum, mal mit mir zu trainieren. Ob Begleithundetraining, Obedience oder Agility, ich kann alles aus dem „Effeff".
Und wenn da mal ein paar Hundeführer an ihren Fähigkeiten zweifeln, dann laufe ich mit denen und baue sie moralisch auf. Die sind dann wieder gestärkt für ihre „Lümmel".

Aber alles in allem bin ich die treueste Seele, die man sich vorstellen kann. Ich bin meinem Chef eine ganz tolle Hilfe. Wenn mal wieder irgendeiner meint, „Stunk" machen zu müssen - dann bin ich ganz schnell da: ein Blick, eine Geste, okay wenn er es nicht kapiert, die gelbe Karte!

Die rote Karte habe ich nur bei Scooby sehr, sehr oft einsetzen müssen. Das war wirklich sehr anstrengend. Jetzt geht es auch ohne (meistens). Nur wenn der zu sehr nervt, dann gibt es mal wieder was auf die „Mütze". Aber von dem machen Sie sich lieber ihr eigenes Bild.

Ich sag nur, ein bisschen „PlemPlem".

Mittlerweile macht es sogar mir mal Spaß, mit Scooby zu spielen. Aber nur, wenn ICH anfange!

Soviel zu mir, den Rest gibt es zwischendurch als Appetit-Häppchen. Halten Sie ruhig schon mal die Leckerlis für mich bereit!

Und übrigens:

Ich kann auch im Stehen pinkeln. Auch wenn ich eine Frau bin, kann ich das Bein heben! Ich zeige damit, dass ich da bin, dass mit mir zu rechnen ist, und manchmal, wenn ich läufig bin, hoffe ich, dass ein hübscher Kerl mal meine Annonce liest ... und dann nicht zu feige ist, mit mir ... ein Knochen-Light-Dinner ... zu genießen.

Scooby

Hey! ICH bin´s! DER „Scooby Dooh" !

Wie Ihr kennt mich nicht? Macht nichts! Ich brauche nicht lange dafür, und Ihr behaltet mich für immer in Erinnerung.

Mich sieht man, mich hört man, mich vergisst man nicht!
*

Scoobische Interpretation aus dem Latein „Veni, vidi, vici!

Okay, mein Chef hat mich ganz lieb gebeten, ich soll mich mal brav vorstellen.

Ich bin ein wunderschöner, reinrassiger Australian Shepherd mit der schönen Farbbezeichnung „Blue Merle" und einem leichten Silberblick (mit dem ich ganz schön täuschen kann). Irgendwie muss in meiner Linie auch mal eine Katze gewesen sein, ich komm überall durch, bin wendig und selbst aus dem Stand sprunggewaltig. Und dieses komische Ding da hinten an mir dran – ihr nennt das Rute – ist dauern in Bewegung.

Mein Arsch wackelt dann immer mit. Ich kann gar nichts dafür, wenn dann die Gläser vom Tisch fallen.

Als mein Chef mich bekam, hieß ich anders. Immer wenn wir unterwegs waren, rief er alle 5 Sekunden „Raus". Menno, das hat genervt. Ich bin doch so herrlich neugierig, jede Haustüre lädt doch zum „shoppen" ein.

Mein Lebensmotto besteht aus Fete, Fete und *Ääääkkktttttiiiiooonnn.*

Okay, nur Fressen geht vor. Ich kann da nie „Nein" sagen. Aber es bleibt auch nichts hängen – wie man sieht!

Ich bin halt ein Hungerhaken. Mit der Polly muss ich ganz schön aufpassen - DIE ist vielleicht verfressen! Da bleibt fast nichts für mich übrig.

Moment … ich muss mal eben schauen, was da in dem Rollcontainer so lecker riecht … hmmm Herrchen hat wohl gestern hier ein paar Brezeln in der Schublade liegen lassen … so da bin ich wieder.

Ich brauche immer wieder Entertainment. Wenn ich es nicht kriege, fällt mir bestimmt WAS ein, das ich tun kann!

Mir wird schnell langweilig, weil ich so unternehmungslustig bin.

Aber nicht, dass Ihr meint, ich wäre ein Alleinunterhalter. Nein, ich schwätze sehr gerne mit allen und jedem. Ich liebe es, wenn IHR mit mir redet. Fragt mal meinen Freund Sascha. Ist vielleicht das weibliche Gen in mir ...

Höhlen jeglicher Art liebe ich auch ganz besonders. Da kann ich so wunderbar drin schlafen, wenn mal wirklich nichts zu tun ist und hier stört mich keiner. So was kann ich meinen Kumpels nur wärmstens empfehlen.

Als mein Chef mich so hat liegen sehen, da fing er an darüber nachzudenken, mich vielleicht doch „Sid" zu nennen. Nach diesem komischen Viech aus „Ice Age!". Als wenn ich soooo simpel wäre.

Und wenn ich mal wieder irgendwo „abgelegt" werde, dann schau ich mich ganz schnell nach der nächsten Jackentasche oder einem Rucksack um, damit mein Hunger nicht zu groß wird. Wenn mal nichts zum fressen da ist, dann klaue ich ein paar Spielzeuge von den anderen! Das lenkt mich dann für einen kurzen Moment von meinem Hungergefühl ab.

Nachdem mein Chef gelernt hatte mit meinem Bewegungsdrang und Energielevel umzugehen, versucht er jetzt, anderen dieses „blabla" von Trieb - und Impulskontrolle beizubringen. Ich muss dann immer wieder herhalten. Das nervt manchmal ganz schön, weil ich doch dringend was anderes vorhabe. Aber jetzt hat er die schönen Frisbees. Damit ich da hinterher rennen und sie fangen kann, tue ich ihm sogar den Gefallen und versuche, mich zurück zu halten. Das ist sehr schwer, denn mein Blutdruck steigt explosionsartig an, meine Ohren stehen auf Durchzug, mein Puls fliegt, Dopamin, Endorphin ... die ganzen Dopings werden auf einmal freigesetzt. Energie Pur!

Selbst die „Olle" Polly macht manchmal mit (wenn es keiner sieht!) ... sieht dann aus, als ob ein Schaukelpferd daher kommt.

Tief in meinem Innersten weiß ich, dass ich eigentlich ein Schlittenhund bin. Kaum dass ich ein Sakko-Cart sehe, da flipp ich aus. Da ist es dann aus mit der Impulskontrolle. Dann zucken alle Nervenenden. Meine Pfoten sind kaum noch auf dem Boden zu halten. Ich weiß nicht mehr, wo vorne oder hinten ist. Die Freude übermannt mich (habe ich schon gesagt, dass ich ein sehr schöner Rüde bin?) und ich will nur noch rennen ... rennen ... und nochmals rennen. Und damit auch alle hören, wie gut mir das gefällt, erzähle ich auch die ganze Zeit Geschichten.

Kaum hat mich mein Chef eingespannt, zieh ich an. Meine Vorderläufe rammen die Pfoten auf den Boden, bis die Pfotenballen quietschen. Meine starken Hinterläufe stemmen sich voll in das tolle Zuggeschirr. Ich werfe mich von links nach rechts, bis sich das geile Ding da hinter mir vorwärts bewegt. Mir ist dabei ganz egal, ob jemand drauf sitzt oder nicht oder ob die Bremsen angezogen sind.

Hauptsache rennen!

Es macht besonders Spaß, wenn mein Chef dann noch hinter uns her rennt, weil er es mal wieder verpasst hat, rechtzeitig drauf zu springen, und dabei wie ein Rohrspatz flucht. Fluchen tut der auch, wenn wir so richtig durch Matsch und Pfützen rasen. Der sieht anschließend immer so dreckig aus. Ich weiß gar nicht, warum.

Die „Olle" Polly hat da so gar keinen Bock drauf. Die tut die ganze Zeit nichts, nur nebenher traben. Was die gut kann ist so dieses „links" oder „rechts". Ich brauch das nicht, bei mir geht's nur geradeaus. Aber wenn ich dann mal nicht mehr kann – kommt sehr selten vor – dann schaukelt sie uns nach Hause.

Natürlich liebe ich auch das „richtige" Arbeiten sowie Begleithundetraining, Obedience und Agility. Nur das „Still-Stehen", das geht einfach nicht, wobei - wenn ich es mir recht überlege - doch ich kann auch „Still-Stehen" – beim Fressen!

Jetzt helfe ich sogar bei der Ausbildung von anderen Hundeführern! Ja, ich sage denen immer, wenn sie was falsch machen. Solange, bis sie mir die richtige Körpersprache zeigen.

Jetzt, so mit 4 Jahren, sagt mein Chef, werde ich langsam etwas „ruhiger". Ich kuschel und schmuse gerne, aber Fressen und Fete geht immer!

Und übrigens: *ICH* kann im Stehen pinkeln! Und da ich dabei immer zeigen muss, dass ich der Größte bin, falle ich dabei manchmal um. Die anderen lachen dann immer. Verstehe ich gar nicht, warum! Aber das kümmert mich nicht die Bohne!

Jetzt aber genug des Ernstes („Ernst Vor!")- jetzt kann der Spaß beginnen.

Tipp 1: Die Verwöhnfalle

Im Laufe des Daseins als Halter unseres geliebten Hundes, erwischt sie uns mindestens einmal. Mit großer Wahrscheinlichkeit häufiger, als wir uns das eingestehen.

Sie ist gemein! Man sieht sie nicht, man riecht sie nicht, man spürt sie nicht – zumindest nicht sofort.

Der Hund – der sieht sie sofort, der riecht sie sofort, der nutzt sie sofort aus. Und das ist nichts Schlimmes, sondern was ganz Normales. Wenn er es nicht tut, dann müssen wir uns wirklich einige Gedanken um unseren Hund machen.

Erstes Anzeichen für ihr „Anschleichen" ist, wenn wir sagen, „wir meinen es doch nur gut" oder „Das ist *eigentlich* nicht so schlimm!" Wenn wir ehrlich sind, kennen wir alle diese Ausreden, mit denen wir uns selbst beschwichtigen.

Die schlechte Nachricht ist: Gegen diesen Infekt gibt es keine Immunisierungsmöglichkeit – ohne eigenes konsequentes Arbeiten wird sie bedingungslos zuschlagen. Hinterhältig, gemein und absolut zuverlässig!

Die gute Nachricht ist: Sie ist nicht ansteckend, und das kriegt man alles wieder in den Griff. Vorausgesetzt man meint es auch Ernst – ups, da ist er wieder

„Ernst! Platz und Bleib!" –

mit dem konsequenten Arbeiten.

Die Ursachen liegen oft in unserer Bequemlichkeit, Regeln und Strukturen nicht mehr konsequent (falls es denn überhaupt welche gab?) ein- bzw. durchzuhalten oder umzusetzen.

Klare eindeutige Strukturen und Regeln entlasten beide – den Hundeführer und den Hund. Der Verzicht auf Strukturen und Regeln bedeutet Stress für beide. Das kann sogar teilweise schlimme Folgen haben.

Zu Risiken, Nebenwirkungen und ganz besonders bei Hilfe zur Unterstützung fragen Sie Ihren Hundetrainer!

Ein deutliches Kommando
wird von den meisten Hunden freudig befolgt.

Mein erster Schultag !

Pfiffi funktioniert nicht (mehr)so, wie ich es mir vorstelle, und ich mache mich auf die Suche nach einer Hundeschule. Wo ich doch eigentlich alles weiß!

Eigentlich. Aber schließlich muss Pfiffi was lernen.

Ja, ja und wieder mal versucht sich so ein „Dahergelaufener" als Hundetrainer, denke ich mir. Nun gut einigermaßen passabel sieht der ja aus. Immerhin etwas.

...Nee, aber noch hochtrabender sagt er, er sei

„*Verhaltenstrainer für Hundeführer*"

schließlich wird er ja nicht meinen Pfiffi erziehen – sagt DER. Spinnt DER?
Was denkt DER sich eigentlich, warum ich zu ihm gehe?

Die erste Stunde ist ja ganz witzig. Pfiffi darf den neuen Platz abschnuppern und wir latschen ein bisschen auf dem Platz herum. Die Leckerlis reichen hinten und vorne nicht, aber spielen dürfen wir (*grrr* nur nicht mit dem Ball, was ja sooo bequem ist, weil ich mich nicht zu bewegen brauche), aber richtig, darauf legt der Trainer wert.

Zerrspiele am „Mann" sind ja so fürchterlich anstrengend! Und dann noch diese doofe Bemerkung, „Der Hund stammt vom Wolf ab. Wölfe und Hunde leben nicht im Schlaraffenland, wo die gebratenen Hühner ihnen ins Maul fliegen. Auch Hunde jagen ihre Beute auf dem Boden ... also runter mit Euch." Ich also runter.

Von wegen Anstand. DER hilft mir nicht hoch, wenn ich da unten rumkrieche.
Das war die Schnupperstunde – wie süß!

Schon beim nächsten Mal zieht mich mein Pfiffi freudig auf den Platz – ich hänge mal wieder wie der Depp hinten dran und muss zugeben, dass mein Pfiffi entschieden hat – hier bleiben wir!

Mist, und jetzt wird's richtig anstrengend!

Vor lauter Aufregung habe ich ganz vergessen, wo die Toilette ist.

Da ist Pfiffi ja schon im Vorteil. Kaum bin ich nicht aufmerksam ... schwuppsss.. hebt der sein Bein, ... rufen alle „DEIN Hund pinkelt!!!!"

Zumindest eine Sache, die ich ihm NICHT mehr beibringen muss !

Sind Hunde berechnend?

Diese Frage beschäftigt Hundeführer, Trainer und Verhaltensforscher schon seit Jahren. Haben Hunde menschenähnliche Verhaltensweisen oder interpretieren wir vieles hinein, was eigentlich menschlich ist und gar nicht hündisch?

Mein Drecksack Scooby ist bestimmt kein Mensch. Nö, ein lümmeliger Rüde, der seine persönlichen Vorteile sucht.

Aber berechnend ist er dennoch. Er weiß ganz genau, bei wem er sich was herausnehmen darf. Ein ganz besonderes Highlight hatten wir im Trainingscamp an der Nordsee.

Die Situation: nach dem ersten Training hatten wir gemeinsam unser Frühstück eingenommen. Die Teller mit den Krümeln standen teilweise noch auf dem Küchentisch und in der Küche auf der Ablage. Zum Aufräumen und Spülen hatten wir keine Lust.
Für das Mittagessen wollte ich noch ein paar Besorgungen machen und mit dem Auto dann einkaufen fahren. Im Haus blieben die Hunde und eine Bekannte, die einfach ein bisschen lesen wollte.

Als ich wiederkam saß die Bekannte grinsend im Raum und meinte

> „Dein Scooby ist ja richtig cool berechnend. Gerade bist du aus dem Haus, läuft er zum Fenster und schaut Dir nach. Nicht dass der noch einundzwanzig, zweiundzwanzig, dreiundzwanzig zählt, kaum bist du mit dem Auto um die Ecke, da dappelt er zielstrebig zum Tisch,

schwingt seine Vorderpfoten auf den Tisch und leckt die Krümel vom ersten Teller ab. Ich sage zu ihm „Nein", da guckt er mich nur an, runter vom Tisch, zielstrebig ab in die Küche, die Vorderpfoten auf die Ablage und den nächsten Teller leer geputzt."

Wenn das nicht situativ berechnend ist, was dann?

Warum dürfen NUR Hunde im Stehen Pinkeln?

... weil sie sich sonst auf die Pfote pinkeln. Wer mag schon nasse Pfoten!

Sondereinsatz-Truppe

Wer es noch nie gesehen hat, der denkt, in welchen Krieg ziehen die denn alle?

Es rauschen die Autos ran - es ist schon 5 Minuten vor Trainingsbeginn - hastig einen Parkplatz suchen, schnell aussteigen. Man spürt förmlich das Knistern in der Luft. Die Hunde in den Autos haben schon vorgeglüht, quietschen und bellen freudig erregt. Der vorwurfsvolle Blick zu ihrem Hundeführer befiehlt: „Kofferraum Auf! Zack Zack!"

Oft ist der Hundeführer gekleidet mit einer Weste, die unzählbare Taschen hat, dazu eine passende Cargo Hose mit ebenfalls mindestens 4 großen Packtaschen, fast wie beim Militär. Die Checkliste für das Boarding wird noch schnell aus dem Handschuhfach gekramt und auf das Klemmbrett geklemmt. Leider fehlt der Co-Pilot.

„Nein, Pfiffi – Du bleibst noch drin!"

Der Kofferraum geht auf und dann wird erst der Waffenhüftgürtel angelegt, den richtigen Sitz nochmals prüfen. Alles Roger!

„Nein, Pfiffi – Du bleibst noch drin!"

Und dann geht die Suche erst richtig los. Welche Waffen brauchen wir denn alle? Welches Training steht an? Was hat der Trainer gesagt, was wir brauchen?
Mist, wo ist die Checkliste, die hatte ich doch gerade noch. Wo ist die denn wieder hin?

„Nein, Pfiffi – Du bleibst noch drin!"

Ah, da ist sie ja. Checked, checked … checked, umblättern … Bodenanker, Decke, Clicker, Munition (Leckerlis), mindestens zwei Spielzeuge (bloß nicht den Ball mitnehmen – wird ja nur am Mann bzw. Frau gespielt), Target, Apportel, Futterdummy, etc. Stopf, stopf, stopf….

„Nein, Pfiffi – Du bleibst noch drin! Frauchen ist noch nicht soweit! Das siehst Du doch!"

Okay zurück – konzentriere Dich, Ruhe, ruhig durchatmen…Ohmmmm.

„Nein, Pfiffi – Du bleibst noch drin!"

Okay … umblättern … Seite drei! Nun die Leinenfrage: Schleppleine extra lang, Führleine (max. 1,2 m), nur die zum Arbeiten… hmm ich muss vorher noch schnell Gassi gehen, also nehme ich vorsichtshalber noch die normale … Checked … Mist, wo steck ich denn das alles hin???

Gott sei Dank hab ich ja die Trainingsweste!

Aber jetzt: Pfiffi wird es zu bunt, fängt an zu gauzen, in seiner Box rumzuturnen. Frauchen wird unruhig.

„Nein, Pfiffi – Du bleibst noch drin!"

Ups … umblättern … Seite vier! Jetzt fehlt ja noch das Geschirr. Welches nehme ich denn heute? „Tut nix" oder „Hört nix?" oder das gelb-orange, nein das himmelblaue….nein dazu passt ja das Halsband nicht … also doch nur das Halsband? Okay, doch besser das gelb-orange-„Tut nix"….

Pfiffi turnt im Auto rum und hat keinen Bock auf das blöde Geschirr. Pfiffi will einfach nur auf den Platz, weil es da sooooo viele Leckerlis fürs Nix Tun gibt – er kann ja lesen „Tut nix"!

Auf ins Gefecht !!!

Pfiffi springt ungeduldig aus dem Kofferraum, schleift wild sein Frauchen hinter sich her. Schweißgebadet kommt Frauchen zum Training. Hat noch das Klemmbrett in der Hand.

Der Trainer begrüßt alle freudestrahlend und händereibend...

    „Heute ist es ja wirklich frisch.
    Alle erst einmal drei Runden um den Platz im Laufschritt.
    Warm laufen – Euch und Eure Hunde!"

Das macht DER mit Absicht!!!

Rollentausch

Eine junge Frau fährt mit ihrem Hund im Bus. Sie krault den Hund immer wieder hinter dem Ohr, was ihm sehr gefällt. Ein Mann, der gegenüber sitzt, sagt zu der Frau: 'Ich würde ja so gerne mit Ihrem Hund tauschen!' - 'Das glaube ich nicht! Ich gehe nämlich gerade zum Tierarzt und lasse ihn kastrieren...

Quelle unbekannt/Internet

Kernseife

Es gibt Zeiten, da will man seine Ruhe haben, und dann müssen die Hunde eben mal „geparkt" werden.

Für dieses „Parken" hatte ich ein eigenes Zimmer. Gleichzeitig Garderobe und Hundeparkplatz – naja, und was man sonst auch noch so rumliegen lässt.

Monatelang lagen 2 Stücke Kernseife auf der Kommode. Wer braucht schon Kernseife? Wir haben ja alle diese modernen Seifenspender.

Da ich dabei war, meine Wohnung zu renovieren, mussten meine beiden Hunde mal öfter geparkt werden, als es ihnen vielleicht lieb war. Und da ich recht viel Dreck dabei fabriziert hatte, wollte ich die Kernseife holen und mir am Außenbecken den groben Dreck abwaschen.
Komischerweise fand ich die beiden Stücke nicht mehr. Aber in meinem Alter verlegt man ja das eine oder andere. An dieser Stelle grinst bitte niemand!

Tage später fielen mir bei Scoobys großem Geschäft weiße, krümelige „Zusätze" auf. Ich dachte mir: „Was der wohl wieder gefressen hat?" Auf einmal fiel mir siedend heiß ein, „Oh je, der Blödi hat die Kernseife gefressen – sogar beide Stücke!" Allein bei dem Gedanken bekam ich Pseudobauchschmerzen.

Also ein „normaler" Hund hätte gelitten. Scooby verhielt sich erst jetzt wie ein normaler Hund, vielleicht nicht ganz so durch- und aufgedreht wie sonst, für Scooby Nicht-Kenner, eben wie ein normaler Hund. Ich wusste aber, bei ihm lief soeben eine „Kernseifensanierung" auf Hochtouren.

Etwa eine Woche später, befanden wir uns auf einer gemeinsamen Feier. Es goss wie aus Eimern, Scooby war pitschnass und leidend – und musste würgen. Endlich! Ein riesiger Klumpen feste, weiße, krümelige Kernseife kam zum Vorscheinen. Scooby stand ganz bedröppelt, mit hängenden Ohren, hängendem triefend nassem Schwanz, todunglücklichem Blick, eben wie ein Häufchen Elend da.

Ich beschloss, heim zu gehen.

Auf der anderen Straßenseite wurde gerade neu gebaut und wie so üblich stand da auch ein Dixi-Klo. Scooby - angeregt von dem Dixi-Klo – sagte sich „Eine gute Idee - ich muss auch mal „groß", und die noch immer laufende, gründliche „Kernseifensanierung" suchte einen weiteren Ausgang.

Er nahm seine typische „Big Business"-Haltung ein (Hinterläufe unter den Bauch schieben, Buckel krumm machen, Schwanz hoch, konzentriert und intelligent drein schauend) und dann schoss ein ca. 2 Meter langer weißer Kernseifenstrahl aus seinem Allerwertesten.

Scooby war innerlich kernseifensaniert. Schaden hatte er dabei nicht genommen, aber klüger hat es ihn nicht gemacht.

Rabattmarken

„Himmelarschundzwirn" kann ich es meinem Chef denn gar nicht recht machen?

Egal was ich ihm anbiete, immer wieder „Nein", „Komm", „Ran", „Sitz", „Platz", „Hiiiiierrrrrr" ...nicht mal EIN lobendes Wort oder Leckerli oder Spiel oder irgendeine klitzekleine Anerkennung.

Wie gern würde ich ihm ja gefallen und es ihm Recht machen, aber nein, dann wird wieder hier rum geruckt, da gezuppelt, dann greift der mir noch in meine sensible Flanke, drückt mir am Hintern rum ... mit Leckerli geködert, aber ich krieg es nicht ...
Und ich klebe eine Rabattmarke nach der nächsten in mein Rabattmarkenheft.

Sie müssen sich die Rabattmarke wie folgt vorstellen:
Zu sehen ist ein ärgerlicher Hund mit der Sprechblase

*„Der nächste, der mir quer kommt,
dem hau ich eins in die Fresse!"*

Ich bin ja ein sehr geduldiger, gutmütiger Hund, aber irgendwann, nach so viel Gemäkel, ist meine Geduld auch mal am Ende und mein Rabattheftchen voll.

„Hey Chef!!!!!"   „WAS willst DU das ich tue?"

Das alles nicht, was ich Dir angeboten habe???

Oooookay, dann reicht es mir jetzt aber auch. Dann kann´s ja nur heißen:

„Ab mit dir nach vorne!"

Okay, Großhirn an Kleinhirn:

„Angriffsposition einnehmen und Waffen scharf machen! „Adrenalin rein schießen!"

Kleinhirn Rückfrage an Großhirn :

„Waffen scharf! Welches Angriffsziel?"

Großhirn an Kleinhirn :

„Scheißegal! Hauptsache der Nächste kriegt eins in die Fresse!"

Kurz darauf ...

Großhirn:

„JJJJAAAAAAA": jetzt geht's uns wieder gut.

„Hey Chef!" Können wir jetzt weitermachen?

Wenn die Augen größer sind als der Bauch...

Die meisten Hunde sind verfressen, aber so einen wie Scooby – den gibt's nur einmal.

Vor einigen Jahren hatte ich im Winter beim Schlachter einen frischen, ganzen Pansen ergattert. Da es eiskalt war und ich Platz in der Scheune hatte, habe ich den riesigen Pansen bei Eiseskälte in ca. 80 cm lange Streifen geschnitten und zum Trocknen über Drähte in der Scheune aufgehängt.

Meine Hände sind mir dabei fast erfroren. So kalt war der Pansen.

Nachdem ich das Scheunentor geschlossen hatte, fütterte ich meine beiden Hunde draußen. Damit sie noch ein bisschen Auslauf hatten – ich gebe zu, für den Gassigang war ich einfach zu faul - bin ich dann ins Warme, um mich aufzuwärmen.

Als ich dann so nach einiger Zeit aus dem Küchenfenster in den Hof schaute, sah ich, dass das Scheunentor offen stand. „Wie geht das?" fragte ich mich, und dann schoss es mir durch den Kopf:

„Scooooby!!! Mist!!!"

Als ich gerade rausrennen wollte, kam mir Scooby schon entgegen gewankt.
Er schwankte ganz gefährlich von einer Seite zur anderen. Sein Magen stand links und rechts beträchtlich ab. Gerade als er durch das Scheunentor kam, geschah es.

Der erste Streifen Pansen kam wieder rückwärts aus seinem Maul. Traurig schaute er ihm nach. Scooby wackelte langsam weiter. Er musste irre Bauchweh (von den eiskalten Stücken) gehabt haben. Dann würgte es Nummer zwei und drei aus seinem Magen.

Seine Augen schauten flehend auf die drei Pansenstücke und sagten:

„Ich möchte euch so gerne wieder fressen,
aber es passt nichts mehr rein."

Meiner Meinung nach hätte Scooby nie wieder Lust auf Pansen haben dürfen.

Aber was interessiert Scooby schon meine Meinung.

Tipp 2: Entscheidungen

Ich lade Sie zu einem schönen und interessanten Spiel ein. Das Spiel hat ganz wenige Regeln.

Regel 1: Sind Sie einfach ehrlich zu sich selbst!
Regel 2: Sie müssen verlieren können, denn Sie werden verlieren!

Sie brauchen das Ergebnis niemandem zu erzählen. Auch ihrem Hund nicht, denn der weiß sowieso, dass ER gewonnen hat.

Was brauchen Sie? Ein Blatt Papier auf dem Sie 2 Spalten für die Strichlisten machen. Die erste, große Spalte mit dem Namen Ihres Hundes als Überschrift, die zweite Spalte ruhig etwas schmaler – die ist für Sie!
Einen gut funktionierenden Stift, den Sie bitte erst gar nicht aus der Hand legen.

Spieldauer des Spiels? Bestimmt nicht sehr lange, dann ist die Spalte Ihres Hundes voll!

Nun zu dem Spiel. Nehmen Sie sich irgendwelche Tricks oder Übungen vor. Beobachten Sie sich und Ihren Hund eine Zeit lang. Und bei jeder Aktion überlegen Sie ganz scharf und ehrlich, WER hat gerade eine Entscheidung getroffen....

Natürlich soll dies Ihnen nur veranschaulichen, dass unsere Hunde oftmals Entscheidungen treffen, bevor wir etwas tun. Dies an sich ist nichts wirklich Dramatisches.

Problematisch wird es aber, wenn wir als Hundeführer in Stresssituationen nicht entscheiden, sondern dem mit der

Situation überforderten Hund die Verantwortung zum Handeln überlassen.

„Nicht entscheiden" heißt selbst überfordert zu sein, aber auch, dass wir nicht aufpassen oder abgelenkt sind.

Leider passiert es gerade aus diesen Situationen heraus, dass normale Hundebegegnungen beim Gassigehen sich zu einem schweißtreibenden Spießrutenlauf entwickeln. Wir versuchen dann noch „Gegendruck" in die Aktion unserer Hunde hinein zu bringen, was dann wiederum weiteren Druck bei unserem Hund aufbaut, bis vielleicht dahin, dass er sich zu einem „Angstbeißer" entwickelt.

Der Situation angepasstes Verhalten kann trainiert werden, sowohl für den Hundeführer als auch für den Hund.

Der Hund erwartet, dass Sie als Rudelführer die Situation im Griff haben und dass Sie entscheiden!

Die gute Nachricht dabei ist, das kann fast jeder lernen!

Zaungäste und sonstige Begleiter

Prolog:
> *Manchmal nörgelt mein Mann rum, was ich denn alles so mit dem Hund mache. Ich sollte es doch richtig machen, schau mal sooooo ... Und außerdem kümmerst Du Dich um den Hund mehr als um mich!*
> *„Nein sag ich – DER Trainer hat gesagt, ich soll das sooo machen ..."*
> *„Warum?" fragt er – ich weiß, die Antwort nicht! Aber ich kann ihm sehr viel von Freenies* Meinung zu meinem tollen Kräutergarten erzählen.*
> *Er grinst nur noch und sagt „ Die Kräuter werden wir vorerst nicht benutzen; das ist Pfiffis Hundeklo seit gestern!"*
> *Ich denke mir „Du A..." und sage, dann komm doch das nächste Mal mit und schau zu.*
>
> **Freenie ist mit mir in der Hundeschule. Wir verstehen uns sehr gut und reden viel miteinander, also in der Hundeschule.*

Die Ehefrau und Hundeführerin freut sich:

Endlich ... mein Mann begleitet mich zum Hundetraining. Jetzt kann der mal etwas von meinem Trainer lernen.

Und ganz toll – da sind ja auch noch andere Männer mitgekommen. Dann habe ich ja endlich meine Ruhe.

Ich stelle dem Trainer meinen Mann vor und sage: „Das ist mein Mann, der weiß immer alles besser!" Der Trainer grinst nur frech und lässt mich ohne Kommentar da stehen. Dieser Blödmann !!! Hätte mich ja mal unterstützen können.

Oh, da steigt Freenie gerade aus ihrem Auto. Ich winke ihr zu und rufe von weitem quer über den ganzen Platz „Freenie!!! Huhuuuu! Ich habe Dir auch Salbei aus meinem …!" Oh, der Hundetrainer, wenn Blicke töten könnten … ich versinke kurzzeitig in den Boden.

Das Training läuft super. Pfiffi zeigt sich von der besten Seite. Der Trainer ist ganz zufrieden (…was sollte eigentlich dieses „naja" mit dem leichten Unterton?..) und was höre ich da, die Männer haben richtig Spaß in den Backen.

Endlich ist das Training zu Ende, und ich ziehe mit meinen anderen Leidensgenossinnen zu unseren „Männern".

Die sitzen immer noch da und kriegen sich vor Lachen nicht mehr ein. Wir hören nur „Walpurgisnacht", sie kaufen uns jedem einen „Nimbus 2000" und ob wir überhaupt damit umgehen könnten…

Entrüstet sagen wir „Natürlich…!!!"

Und dann geht das Geläster erst richtig los.

… Aufrüsten des Besens mit einer Fernzündung und „wenn die Weiber dann kurz über dem Haus da hinten sind … dann den Raketenantrieb von hier aus fernzünden und mit einem leichten „Hände winken" leise Servus sagen …"

Und wenn Männer dann erst mal in so einem Rudel stehen, dann fühlen die sich stark wie die Schnösel in einem Hunderudel. Sie kommen richtig in Fahrt, setzen bekanntlich gerne noch einen drauf und trauen sich Dinge, die sie alleine bereuen würden.

Einer meint noch:

> „Und vorher einen Zettel dranhängen
> - wie bei den Luftballons –
> mit der Bedienungsanleitung ..."

ergänzt der Nächste

> „... Kann gut kochen und putzen! ..."

Der Dritte:

> „Aber mit dem Zusatz: ...Nicht zu gut füttern,
> sonst werden die Finger zu dick und
> dann sind die Ecken rund beim Putzen...".

Was für ein Gegröle von den Männern.

Das nächste Mal darf der nicht mit!!!!

Hundetraining ist doch nichts für Männer!

Zweithund

Erhöhtes Liegen hat erst einmal nix mit Dominanz zu tun.

Ein richtiges Dominanzproblem bei Hunden hat es mehrere Facetten.

Das Gleiche gilt ja dann auch für das „mit im Bett" liegen.

Für sich allein gesehen auch kein Dominanzproblem.

Die moderne Frau von heute tendiert zum Zweithund.

Einer fürs Bett - zum Wärmen, der Zweite - zum Angucken auf der Decke vor dem Bett.

Das wirft die Frage auf:

„Wo bleibt der Mann?"

Antwort:

„Auf der Couch!"

(*Originalaussagen!*)

Vielleicht sollten wir doch mal wieder überdenken, ob das mit dem „Hund im Bett" nicht doch besser wieder eine Frage der Dominanz ist.

Vielleicht ist das ja der wirkliche Grund für unsere „Geburtenschwäche"!

Hausaufgaben

Endlich hab ich es geschafft, mit all meiner Bewaffnung und noch mit Pfiffi (… JA, ich habe ihn nicht vergessen, wie beim letzten Mal) ganz außer Atem auf den Platz zu kommen. Die anderen sind schon längst da und schwätzen gemütlich. Wie schaffen die das bloß immer?

Man, man, man … so ein Blödsinn – jetzt fragt doch dieser gut aussehende Trainer „Hausaufgaben" ab.

Hoffentlich bin ich nicht die Erste.

Mist – DOCH…

Mit einem leicht süffisanten Grinsen sagt er: „Toll, Du hat Pfiffi sogar dabei!" Muss DER mich vor allen anderen nochmal daran erinnern?

„Ja - liebstes Frauchen von Pfiffi. Was hast Du denn als Hausaufgabe beim letzten Mal bekommen und wie hat es funktioniert?"

Trainer behalten die Hundenamen sehr gut, aber die der Hundeführer/innen … naja das dauert seine Zeit. Ich heiße Mathilda und ich bin nicht adelig („von Pfiffi") … kann der sich das nicht einfach merken?

Mist – DER sieht mich immer noch wartend, schweigend mit einem wissenden Lächeln an.

Upppps wenn ich ehrlich bin, habe ich beim letzten Mal gar nichts mitbekommen.

Also lenke ich doch mal geschickt ab und beschreibe Pfiffis letzte Untaten, dass ich so viel Arbeit hatte, 10 Leute sind zu Besuch gekommen und dann ist noch meine Waschmaschine kaputt gegangen, und überhaupt und außerdem sowieso ... Kein Mitleid?

Der Kerl sieht ja recht fähig aus, aber meistens kann sich diese Spezies „Mann" ja nix merken. Nur der, ausgerechnet DER, DER hat alles behalten vom letzten Mal.

Aber jetzt ist DER ja auch ganz lieb und hilft mir, indem er die Übungen vom letzten Mal wiederholt und die anderen springen dann doch hilfreich ein. Gott sei Dank sind die jetzt erst mal dran. Gerade als ich mich zu Freenie umdrehe und mit ihr ...

Ja Denkste – von wegen lieb!!!

Steht DER jetzt mit dem Rücken zu mir – ich unterhalte mich grade mit meiner Leidensgenossin Freenie angeregt über meine Kräutersammlung – und da höre ich zufällig, wie er wahrscheinlich schon zum dritten Mal sagt

„Liebstes Frauchen von Pfiffi" ... lauter sagt, ruft....

Freenie schaut mich an ... Wir schweigen stille ... Ich werde rot ... wie peinlich ist das denn und dann sein magischer Blick !

Ich wollte, ich hätte meinen „Nimbus 2000" nicht vergessen.

Jesus

Ein Dieb bricht nachts in ein Haus ein.

Als er gerade durch das stockfinstere Wohnzimmer schleicht, hört er eine Stimme:

"Ich sehe dich, und Jesus sieht dich auch!"

Er erschrickt zu Tode, schaltet seine Taschenlampe ein und sieht auf einer Stange in der Ecke einen Papagei sitzen:

"Ich sehe dich, und Jesus sieht dich auch!"

Meint der Einbrecher erleichtert:

"Hast du mich aber erschreckt. Wie heißt du denn?!"

"Elfriede!"

"Elfriede ist wirklich ein selten blöder Name für einen Papagei!"

Grinst der Vogel:

"Jesus ist auch ein selten blöder Name für einen Rottweiler!"

Stille Stunde

Es ist mal wieder so ein Tag, an dem einem Trainer graue Haare wachsen können, wenn wir mit den Hunden leiden.

Hier eine Anmerkung der Lektorin: „Wenn sie nicht schon welche hätten ... hi hi hi")

Ein Mann ein Wort - Eine Frau ein Wörterbuch.

Wie war das? Ein eindeutiges (kurzes) Kommando. Ja klar. Das können wir, behaupten sie. Tja nur dumm, das der Hund noch nicht alle 100 Kommandos in der Geschwindigkeit wie SIE spricht, ausführen kann.

Naja deswegen heißt es ja wohl auch „HUNDE Schule" – damit die das lernen.

Und zwischendurch kann SIE locker mit den anderen SIEs Rezepte, den neusten Tratsch und haste-nicht-gesehen austauschen. Schließlich sind SIE ja Multi-Tasking-fähig.

Dummerweise überhören sie (wohl wie daheim) ganz geflissentlich die Anweisungen des Trainers.

Bis ...
     bis ...
          bis ... Was ist denn nun los? ...
              Ist DER tot?

Es herrscht Totenstille! Selbst die Hunde schweigen, als alle SIEs auf einmal verstummen und auf den Trainer hören, obwohl der diesmal gar nichts sagt.

Vielsagende schweigende Stille!

Hm, er scheint wohl im Stimmbruch zu sein, oder hat eine Halsentzündung?
Kein Ton kommt über seine Lippen.

Vielsagende schweigende vollkommene Stille!

Im Zeitlupentempo schließt er pantomimisch mit zusammengedrücktem Daumen und Zeigefinger den imaginären Reißverschluss über seine Lippen.

Es wirkt!

Die Hunde sind glücklich – endlich Stille!

Zur Beschwichtigung:
Es gibt auch einige Männer, denen das passiert. Das sind wohl diejenigen, bei denen das weibliche Gen hyperaktiv ist. Ähnlich wie bei Scooby.

Gorilla-Entfernungs-Service

Ein Mann wacht eines Morgens auf und muss feststellen, dass sich ein großer, männlicher Gorilla in dem Baum vor seinem Haus eingenistet hat. Also greift er zu den Gelben Seiten, sucht sich einen Gorilla-Entfernungs-Service raus und ruft an. Als der Gorilla-Entferner kurz darauf ankommt, hat er einen Stock, einen Chihuahua, Handschellen und ein Gewehr dabei.

„Passen sie auf", sagt er zu dem Mann, „wir machen das wie folgend: Ich klettere auf den Baum und piekst den Gorilla so lange mit dem Stock, bis er runter fällt. Dann stürmt der Chihuahua auf den Gorilla los und beißt ihm in den Schritt. Der Gorilla wird daraufhin die Hände schützend in den Schoß legen, und genau in dem Moment legen sie ihm die Handschellen an."

„OK", sagt der Mann, „aber was ist mit dem Gewehr?"

Darauf der Gorilla-Entferner: „Wenn ich vom Baum falle... erschießen Sie den Chihuahua...".

Quelle unbekannt/Internet

Beppels

Wie gesagt, Namen sind für Trainer immer wieder eine Herausforderung.

Steffi, die sich aber mit „ph" schreibt, und es wäre ja auch einfach, wenn es davon nur eine gäbe, bis zu Barbara, die sich Bärbel rufen lässt … ganz zu schweigen von Namensgleichheiten.

Gut, dass sich im Sport (dazu gehört auch „Hund") gleich geduzt wird. Ein Sportkollege hat mal die Begründung gebracht „… da wir ja auch alle zusammen nackt duschen.". Dieses Zitat ist nicht von mir! Außerdem haben wir (noch) keine Duschen auf dem Hundeplatz

Jedenfalls kann man ja so vieles über „Hundename" und „Du" regeln.

Einfacher und schneller ist es für die Hundetrainer, sich die Hundenamen zu merken – naja meistens, aber nicht immer.

Ein geplagter Hundetrainer muss sich manchmal Eselbrücken bilden, um sich Namen zu merken. Also dann:

Beppels besteht aus

>50 % DER Beagle und 50 % DER Mops – und dann rennt DER Hund auch noch wie DER Mann ähhh DER Rüde – also bitte ganz logisch

>„DER Beppels" !

Beim Agility hatte die Hundeführerin mal wieder nur mit dem Iphone rumgewattsappt und dabei nicht mitbekommen, dass sie dran war. Also ich rufe

„DER Beppels ist dran!"

Kaum gerufen, schon schallte es mir aus den süffisant grinsenden Mündern der Teilnehmer wiederholt entgegen:

„DDDIIIIIEEEEE Beppels" !

Entschuldige Beppels, aber ich bleib bei DER ;-) – schließlich eine „Rüdin"!

PS: Weibliche Form von Rüde? - Rüdin ;-) Warum?

Handy 4 Dogs

Gott sei Dank gibt es Handys. Damit sind wir jetzt überall erreichbar. Besonders Frauen lieben es, ihre guten Netzwerke durch dauernde Kommunikation jederzeit zu pflegen. Wichtiges, Klatsch und Tratsch!
Es klingelt zu allen passenden und unpassenden Gelegenheiten. Nur wenn man sie braucht, dann sind sie nicht erreichbar. Handy vergessen, nicht gehört, kein Netz, Akku leer ... aber das ist eine andere Baustelle.

Den Running Gag: Blondine auf Rolltreppe und Handy bimmelt... „Mama woher weißt du, dass ich hier bin?"... kennen wir alle und leben ihn jetzt selbst.

Die langweiligen Gassi-Gänge mit den Hunden werden endlich kurzweilig und deswegen auch länger. Dank der neuen Smartphones sind wir sogar mit noch mehr Technik gesegnet.

Internet überall, Fotos, Videos jederzeit, immer und sofort in Facebook einstellen, SMS, MMS, Chatten, Skypen, Whattsappen....und so weiter und so fort.

DIE große Freiheit
– nicht nur für uns Frauen –
sondern auch für den Hund.

Es scheint, als gäbe es ein „Dogs-App"!

Kaum bimmelt, wuffelt oder welcher Download die absolut lebenswichtigste Information signalisiert ... das „Smartphone"

Ring...Ring...Ring...Ring...Stille

Frauchen greift hektisch zum Handy, Headset, Bluetooth, Jabra oder...

(das Kramen lassen wir aus Zeitgründen mal weg)

„Mist, muss denn nach viermal Klingeln immer gleich die Voicemail dran gehen? Ich weiß nicht, wie man das abstellen kann!"

Hund: bringt schon mal die Muskulatur auf Betriebstemperatur mit leichten Auflockerungsübungen, nur keine Hektik die drückt nochmal weg.

Ring...Ring...Ring...Ring

Endlich, Frauchen drückt „grünen Knopf" (Nein nicht den Roten....Menno, dann ist das Gespräch doch weg ... tztztttzzz)

Hund: Okay nochmal ein bisschen Schnüffel, gleich klingelt es wieder.

Ring...Ring...Ring...Ring

Endlich, Frauchen drückt den richtigen „grünen Knopf"

Hund legt 1. Gang ein = Krallen ausfahren....
Frauchen „Ah Hallo....blablabla...bla.bla.

Hund: Blickkontakt ? „Kick-Down" und tschüssssss...

Frauchen brüllt hinter ihrem Hund her und fuchtelt dabei mit der Lampenapp durch die Gegend ... *(übrigens Hunde sehen im Dunkeln auch ohne sehr gut)*

und dank Headset sind wir bei dieser Liveübertragung in Echtzeit dabei....

„Aaaammmmmyyyyy" ... Nein! ... Hier! ...! Mist!"

„Immer wenn ich telefoniere, haut der Hund ab!

Das andere Ende der großen Freiheit!

Amy ist glücklich!
Frauchen sauer
... und das andere Ende der Kommunikation taub !

Tipp 3: Slalomerziehung

Nein, so schön die Karikatur vielleicht auch ist, DAS ist mit Slalomerziehung nicht gemeint.

Der ironisch, aber ernst gemeinte Untertitel von Slalomerziehung könnte auch sein:

Inkonsequenz!

Mein Tipp ist aber: „Bleiben Sie konsequent in der Erziehung Ihres Hundes!"

Gut Ding braucht Weile! In der Ruhe liegt die Kraft!

Zwei wunderbare Sprüche, die zusammen genommen, als Basis für Erfolg in der Hundeerziehung stehen.

Tingeln Sie nicht von einer Trainingsmethode zur anderen. Setzen Sie konsequent das um, was Sie sich vorgenommen haben. Und auch nur so, wie Sie es festgelegt haben. Nicht noch eine weitere Variante, oder ein anderer Trick oder vielleicht doch mit Leckerlis ködern....

Was Sie sich vorgenommen haben, braucht viel, viel Zeit und eine Unmenge an Wiederholungen. Lassen Sie sich nicht von schnellen Erfolgen blenden. Oft höre ich „Daheim klappt das immer. Warum denn hier nicht?" Das ist ganz normal.

Üben, üben, üben, und nochmals üben.

Wir Menschen neigen dazu, zu ungeduldig zu sein. Wer aufgibt, der hat verloren!

Hilfreich ist dabei immer, wenn ein Trainer einerseits die Konsequenz einfordert, aber gleichzeitig Ihnen Ihre Erfolge aufzeigt und Sie motiviert, dran zu bleiben.

Der Erfolg folgt dann!

Willkommen im Frauen – Links-Kurs

Ganz ehrlich gesagt, tue ich mich richtig schwer, hier zu beschreiben, wie viele graue Haare mich dieses Thema schon gekostet hat und auch noch kosten wird.

Wir wirklich armen Trainer – bitte eine große Runde herzerweichendes Mitleid für die Trainergemeinschaft – leiden quasi unter dieser Krankheit, die uns mit fast jedem Hundeführer verfolgt.

Die Hoffnung stirbt bekanntlich zuletzt. So auch unser Glaube daran, dass uns irgendwann im Trainerleben endlich mal eine kleine, wenn auch noch so unbedeutend kleine Gruppe begegnet, die uns nicht wieder vor diese Herausforderung stellt.

Die einfache Standardanweisung, Hund <u>links</u>, Leine in die <u>linke</u> Hand ... und - schwupps - ist er schon wieder da.

Anmerkung: Die gute Nachricht, es ist keine Krankheit.
Die schlechte Nachricht, trotzdem hochgradig infektiös.
Springt einfach so rüber, und wird willig aufgegriffen.

Dieser Blick, fragend, unsicher. Die beiden Hände hilfesuchend in meine Richtung gestreckt. Und dann die Frage, diese Frage, bei der sich der Grauschleier langsam über das Haupt legt, die Frage:

„DIE hier?"

„Ja genau, DIE linke Hand."

Ich deute dabei mit meiner rechten auf ihre linke Hand.

„Nicht die andere (linke) Hand."

„Schau mal!"

Ich stell mich mit dem Rücken vor sie, halte meine linke Hand in die Luft, spreize dabei den Daumen ab. Mit meinem rechten Zeigefinger zeichne ich an der Fingerkuppe des linken Zeigefingers beginnend das „L" für „Links" bis zum Daumen nach.

„Schau mal, siehst du das L? L für Links."

Richtig herausfordernd ist für Trainer, das spiegelverkehrte Denken und die für den Trainierenden richtigen Angaben zu geben.

Spätestens wenn die Beine und Füße gegengleich eingesetzt werden müssen, hilft nur noch Yoga. An dieser Stelle hört auch der Glaube daran auf, dass Frauen zwei Dinge gleichzeitig könnten - geschweige denn multitaskingfähig sind.

Und damit die armen Hunde, die ja für diese Mobilitätsschwäche ihrer Frauchen und Herrchen wirklich nichts können, von diesen wie im Sturm rumtaumelnden Etwas am anderen Ende der Leine nicht zu sehr geschädigt werden, lasse ich meine Trainees bei fast jedem Training erst einmal „trocken" üben.

Der Lernerfolg stellt sich bei dem anderen Ende der Leine schneller ein, und die Hunde werden von diesem sich gerade selbstfindenden Etwas erst mal verschont.

Randbemerkung: Es soll und darf nicht der Eindruck aufkommen, dass ich etwas gegen „Frauen" hätte. Rein statistisch gesehen, ist der Männeranteil in meinen Trainings gering. Also ist es doch rein zufällig durch diese weibliche Mehrheit automatisch gegeben, dass die weiblichen Nennungen (leider – es tut mir wirklich aufrichtig leid!) öfters vorkommen.

Der beißt nicht

Ein Gast betritt eine Tiroler Hotelpension und ein kleiner Hund springt bellend an ihm hoch. Der Gast fragt den alten Portier:

"Beißt ihr Hund?"

"Na, der beißt net."

Der Gast bückt sich zum kleinen Hund, um ihn zu tätscheln. Sofort verbeißt sich der Hund in die Hand des Gastes.

"Aber Sie haben doch gesagt, ihr Hund beißt nicht!"

"Des is net mei Hund."

Geschlechtsspezifische Wurftechniken

Das Spiel mit dem Hund ist in meinen Trainings eine sehr wichtige Form der Belohnung.

Neben der Belohnung hilft das zum richtigen Zeitpunkt eingesetzte Spiel dem Adrenalinabbau und der Vermeidung von Stresssituationen.

Bevorzugte Wurfspielzeuge sind ja die bekannten Kongs in den verschiedensten Ausführungen. Nun, was haben die alle gemeinsam? Sie fliegen gut und weit ... wenn man es kann – das Werfen!

Mittlerweile tendiere ich dazu, bei Anfängern frühzeitig auf etwaige Gefahren hinzuweisen. Besonders im Anfängertraining ist daher für alle Teilnehmer besondere Schutzkleidung empfehlenswert. Wenn es so weiter geht, dann wird demnächst auch die Helmpflicht eingeführt. Nicht für die Hunde. Die sind als Einzige eher selten gefährdet, da sie sich unterhalb der empfohlenen Flughöhe befinden.

Jetzt fragen Sie sich bestimmt warum?

Naja, einerseits gibt es Wurftechniken, die sich nach Geschlecht des Werfers unterscheiden lassen, und andererseits die unbeabsichtigten Zielobjekte - der „Be/Getroffene".

Fangen wir mit den Männern an. Sie verfügen oftmals über eine gute Motorik. Wenn da nicht diese doofen Schnüre an den Kongs wären. Im richtigen Moment losgelassen, fliegen diese Dinger wahnsinnig weit. Zur Freude spielgeiler Hunde.

Zur Freude der drum herum Stehenden, wenn der Werfer mal wieder das Timing für das „los lassen" vermasselt und sich in selbst verstümmelnder Weise an diversen Körperteilen trifft. Bevorzugt unterhalb der Gürtellinie oder oberhalb des Halses.

Nun zur Minderheit: Die Frau. Frauen hingegen treten mit dem Spruch an, „Ich kann eh nicht werfen!". Was sie übrigens eindrucksvoll damit unterstreichen, indem sie mit ihrer Körpersprache dem Hund zeigen, wo es (theoretisch) hingehen sollte.

Dann aber scheinen sie ein „heimliches Zielwasser" getrunken zu haben und treffen einen völlig Unbeteiligten, ganz woanders einsam rumstehenden Teilnehmer, fast genau zwischen den Augen!

Phänomenal!!!

Die Quote der Treffgenauigkeit steigt wiederum, wenn ein Mann in der Runde steht.

Woran DAS wohl liegt?!

Oder das Spielzeug wird vernichtet. In etwa sieht das Ergebnis dann so aus:

Da kann man dann seinen Hund noch so auf das Apportieren abrichten, keine Chance für den armen Kerl.

Fazit:

Männer verstümmeln sich selbst!

Frauen treffen den Falschen!

Die gehorsche aber gut!

Ein wunderschöner Herbsttag. Die Sonne scheint. T-Shirt und Gute-Laune-Wetter. Mit meinen beiden Hunden geht es ab durch die goldene Wetterau. Naja ehrlich gesagt, über die landwirtschaftlichen Betonwege, also da, wo eigentlich nur Bauern mit ihren Geräten fahren sollten.

Von hinten pirschen sich fast lautlos zwei ältere Herren an. Die beiden zusammen kamen wohl fast auf 160 Jahre. Der eine auf einem schnurrenden E-Bike mit integrierter Sauerstoffmaske (Achtung Doping!), und der andere in seinem tiefer gelegten E-AOK-Shopper schnurrten so mit lässigen fast 8 km/h heran. Ein Bild für die Herbstgötter.

Sie hatten eine gute Kondition, konnten beim sich fahren noch schwätzen.

Also, ich ganz vorbildlich, lasse Polly und Scooby im Grünstreifen erst „Sitz" und dann „Platz" machen.

Die beiden alten Herren kommen rangeschnurrt und im tiefsten Wetterauer Platt erschallte ein doppeltes „Mosche" – ich grüße zurück. Die beiden freuen sich über meine gute Tat und nuscheln im Vorbeigleiten:

„Die gehorsche aber gut!".

Ich wollte erst angeben und sagen, klar müssen die ja auch, schließlich bin ich Hundetrainer, beließ es aber bei einem bescheidenen:

„Meistens !"

Dann ging mit mir mal wieder meine lose Zunge durch, und ich hörte mich frech grinsend sagen:

„Wie bei den Frauen !"

Beim Vorbeirauschen sah ich die beiden, ebenfalls frech grinsend, davon „wappen". In ihrer Sprechblase stand bestimmt: „Gugge mir ma, ob unsere Alle och noch da sitze, wo ma se hingesetzt habbe."

PS: Da ich nur eingeplackt bin, so nennt man die Zugreisten hier in der Wetterau, übernehme ich für den geschriebenen Dialekt keine Verantwortung.

Tipp 4: Eigene Emotionen

Sie sind gerade nicht so gut drauf, haben sich geärgert. Um sich abzulenken, nehmen Sie Ihren Hund und gehen eine Runde. Er verhält sich irgendwie komisch. Was hat der bloß.

Außerdem fällt Ihnen ein, Sie haben ja noch gar nichts mit ihm geübt. Morgen in der Hundeschule gibt es bestimmt wieder einen Anpfiff, weil nichts funktioniert. Sie rufen

„Ernst, Hier!",

wollen ihn an die Leine nehmen. Ein bisschen die korrekte Grundstellung (das richtige „Sitz", seine Brust auf Höhe des Knies und schön eng am Bein).

Ernst schaut nur, aber ... kommt nicht. Sie werden ärgerlich und lauter, eindringlicher, aggressiver, dann noch saurer ... versuchen mit Leckerlis zu ködern, aber Ernst hält sicheren Abstand zu Ihnen.

Kennen Sie diese oder ähnliche Situationen?

Hunde können unsere negativen Gefühle lesen, teilweise bevor wir sie selbst wahrnehmen.

Sie halten sicheren Abstand, sind irritiert, werden verunsichert, finden keinen „Halt" bei Ihnen. Ihre Reaktionen können überlautes, stetiges Bellen, Herumgehoppse, nerviges Umrunden, übermäßiges Schnüffeln o.ä., also irgendein Ausweichverhalten, sein.

Aus diesem Gefühlschaos können auch andere sehr unerwünschte Übersprunghandlungen entstehen, die in aggressives Verhalten ausarten können

Spätestens jetzt sollte der verantwortungsvolle Hundeführer die Notbremse bei sich ziehen und sein Trainingsvorhaben abbrechen. Bieten Sie Ihrem Hund einen richtig sportlichen Ausgleich oder ein Zerrspiel an, damit negative Emotionen abgebaut werden. Machen Sie mit, und Ihnen geht es dann bestimmt auch etwas besser.

Im Training mit Ihrem Hund, egal was Sie auch tun wollen, achten Sie bitte auf Ihre Emotionen. Richtig „arbeiten" mit dem Hund geht nur, wenn Sie selbst ausgeglichen sind, und emotionsfrei auf seine Aktionen reagieren können.

Dabei ist unsere Stimme sehr entscheidend. Eine gewisse Bestimmtheit (ohne Ungeduld) bei notwendigen Korrekturen muss sie haben. Das sich hoffentlich anschließende gewünschte Verhalten soll mit einer positiven Stimme (hier darf echte Freude nicht fehlen) bestätigt werden. Leider sind wir nicht immer in der Lage, unsere Stimme so einzusetzen. An dieser Stelle kann ich den richtigen Einsatz des Clickers im Training empfehlen.

Es ist ganz in Ordnung, wenn Sie mal keine Lust haben, etwas mit Ihrem Hund zu tun.

Angstschweiß

In der Hundeausbildung gibt es immer wieder ganz Wagemutige, die den Wunsch nach einer Begleithundeprüfung mit ihrem Hund haben.

Nach der Erziehung (Hundegrundschule oder Junghundekurs) will man (inkl. Frau) sich endlich der richtigen „Ausbildung" des Hundes widmen.

Wochen- und monatelang wird fleißig „Sitz", „Platz", „Fuß", „Bleib" (welches??), „Hier" geübt.

Der Blickkontakt ist absolut wichtig (also Mensch zum Hund – oder war es umgekehrt gedacht?); ebenso wie das für den Hund absolut stinklangweilige „Beifuß"-Gehen.

Die Tempiwechsel werden überfallartig ausgeführt. Ebenso unverständlich ist das Schlangenlinienlaufen für den Hund, dass manchmal eher dem unbeholfenen Stolpern nach einer durchzechten Nacht gleicht – man nennt es im Fachjargon „Die Acht laufen".
Nicht zu reden von den diversen Winkeln (links und das andere links[1]) und den Wenden. Bitte nicht verwechseln mit „Wänden", obwohl der stumpfe Aufprall der Hunde am Körper des Hundeführers wohl doch eher dem Zusammenprall mit einer Wand gleicht.[2]

Trotz all dieser „Scheinangriffe" ihrer Hundeführer beweisen sich die Hunde oftmals (dennoch) als treuer, anhänglicher, fehlertoleranter Partner.

Und dann irgendwann naht der Tag der Wahrheit. Der Trainer fragt, „Wann wollen wir den Tag der „ Begleithunde-Prüfung" ansetzen?"

Ab diesem Moment wird das Wort „Begleithunde-Prüfung" zu einer Droge mit unerwarteten Nebenwirkungen. Sämtliche Hormone[3] werden in einen Cocktailmixer geschüttet, nicht gerührt, aber geschüttelt und dann innerhalb von Sekundenbruchteilen intravenös in den Kreislauf gepumpt.

Sichtbare körperliche Auswirkungen sind Angstschweiß, der Kreislauf sackt weg oder erklimmt unvorstellbare Gipfel, kalte Hände bis hin zum Blackout im Hirn.

Dieser Black-Out[4] führt zu unbewussten, unkontrollierbaren Bewegungen. 30 Sekunden einfache Grundstellung (eigentlich nix tun) werden zur Akkordarbeit und damit purer Stress für den Hund. Bis zu 15 Korrekturen am Hund („Der nix tut").
Achtung Kapitel Rabattmarken

Guinnessbuch verdächtig !!!

---

[1] *Klarheit bringt hier das Kapitel „Willkommen im Frauen Links Kurs"*
[2] *Wer jetzt an dieser Stelle an die Möpse denkt, nein die platte Schnauze ist durch Zucht und nicht durch Tollpatschigkeit bedingt.*
[3] *Adrenalin, Dopamin, Endorphin, Heparin (ist Blödsinn genauso wie Saccharin)*
[4] *Bei Black-Outs empfiehlt das Trainerhandbuch eine Stunde Stuhlkreis-Yasmin-Tee-Trinken-in-Lila-Latzhose*

Bitte - Papa hilf!

So langsam dürfte ja jeder Scoobys Charakter kennen. Trotzdem wundere ich mich doch immer wieder aufs Neue, was der sich so alles einfängt – ja einfängt.

Es war im Sommer. Da bei uns recht viele Fliegen unterwegs waren, hingen an meinen Fenstern und Türen unten rechts klebende „Fliegenfänger"

Zusammen mit Freunden und ihren Hunden arbeiteten wir im Garten. Polly und Scooby blieben im Haus. Da sie sehr neugierig sind, standen sie natürlich sehnsüchtig guckend immer an der Küchentür.

Als ein Hund zu nah an die Küchentür kam, wollte Scooby durch die geschlossene Tür nach vorne zu dem Hund schießen. Wir hörten einen heftigen Knall und sahen, wie Scooby langsam leicht benommen an der Scheibe runter glitt. Kopfschmerzen waren ihm bestimmt sicher, und ich dachte, ich müsste ihn wie beim Boxkampf anzählen, aber bei drei berappelte er sich.

Dummerweise patschte er beim Versuch, durch die nicht geöffnete Tür zu springen mit seiner Pfote auf den Fliegenfänger.

Oh je … Drama … Drama … Drama!

Zuerst versuchte er sich den Fliegenfänger mit der Schnauze von der Pfote zu ziehen – jetzt klebten auch die ersten Barthaare dran. Dann versuchte er, mit der anderen Pfote den Fliegenfänger abzustreifen, mit dem Erfolg, das jetzt klebte der Fliegenfänger an der anderen Pfote klebte.

Geduld kennt Scooby nicht, deswegen wurde er auch richtig ösig. Er begann, sich heftig zu schütteln, wobei das doofe Klebeteil überall an seiner Pfote kleben blieb. Tisch, Stuhl, Wand alles war mal dran. Dann fing er an ganz wild mit der Pfote rumzuschlackern - wieder ohne Erfolg. Ein paar von seinen edlen Schwanzhaaren mussten dran glauben.

Zum Schluss wusste er sich nur noch zu helfen, indem er ganz weinerlich mit hängendem Schwanz vor der Fensterscheibe stand, die Pfote mit dem Fliegenfänger wie beim „vorstehen" erhoben, laut jammerte und mich flehend anschaute:

„Bitte – Papa hilf!"

Blöderweise hatte ich das doofe Klebeteil dann an meiner Hand kleben. Und wer hilft mir?

Passende Antworten für Hundebesitzer

Beißt der?

Nein, der schluckt im Ganzen.
Nein, der hat schon gefrühstückt.
Ja, glaubst Du, dem graust es vor garnix?
Nein, der hat seine Zähne nur, damit der besser aussieht.

Hört der?

Sicher, der reagiert nur nicht.

Tut der was?

In den nächsten 2 Stunden nicht, der verdaut grade ne Fußhupe.
Nein, der lebt von der Stütze.

Ist da ein Kampfhund drin?

Keine Ahnung, ich habe ihn noch nicht aufgemacht und reingeschaut.

Mag der Kinder?

Ja, aber ein ganzes schafft er noch nicht.
Ja, aber der frisst auch normales Futter.

Warum Hundeschule oder Hundeverein?

Unsere Hunde sind wunderbar intelligent und geben UNS das Gefühl, WIR hätten die Situation im Griff und WIR würden ihnen etwas beibringen.

Die Realität sieht für Außenstehende doch vielleicht etwas anders aus.

Daher hüten Sie sich davor Ihre(n) Hund(e) unbeobachtet miteinander reden zu lassen. Sonst könnten sie vielleicht auch auf diese Idee kommen:

Sinn der Hundeschule ist es nicht, dass Ihre Hunde voneinander Unsinn lernen, sondern, dass Sie als Hundeführer sich Ihrer Verantwortung bewusst werden und für Ihr Team entsprechende Unterstützung in der Erziehung, Ausbildung, im Training und in der Problemlösung findet.

Auch wenn es manchmal nicht das ist, was Sie hören möchten. Die Trainer meinen es alle gut und geben alle ihr Bestes.

Die Wahrheit ist: Meistens liegt es nicht an den Hunden! Oftmals sind es auch die „Umstände", die wir gar nicht wahrnehmen, die aber einen erheblichen Einfluss auf die Hundeerziehung haben.

Warum dürfen NUR Hunde im Stehen pinkeln?

... weil Hund es dem anderen nachmacht. Männer tun das nicht. Und Frauen können es nicht.

Hundekuchen

Fragt eine Frau die andere:

"Wie bekommen Sie ihren Mann wach?"

Darauf die Andere:

"Mit Hundekuchen!"

Erste Frau:

"Wie? Mit Hundekuchen?"

Die Andere:

"Ich lege ihm die Hundekuchen ins Bett!"

Die Erste: "Und weiter??"

Die Andere:

"Dann mache ich die Schlafzimmertür auf und lasse die Hunde rein!"

Quelle: unbekannt/Internet

Polly Spricht

Manche nennen mich auch Zicke!

ICH bin ein Alpha-Tier!

Wer daran zweifelt, kann gerne mal versuchen, mich einfach zu beschnuppern. Ich habe das Rabattheftchen[1] nicht nötig. Ich raufe nicht, ich streite nicht,

ICH KLÄRE SOFORT UND UNMISSVERSTÄNDLICH!

Das habe ich alles von meiner tollen Mama „Anka" abgeguckt. Schon ganz früh, war sie mir ein Vorbild und von ihr habe ich alles gelernt! Meine Mama hat eine sehr gute Hundesprache gesprochen und hat sich auch viel Zeit genommen, mir das alles beizubringen. Alles ohne, das es „Schläge" brauchte.

Meint ihr denn, mein Chef hätte ohne mich den Drecksack Scooby sonst so gut hinbekommen? Ist eigentlich ganz einfach, nur bei diesem Schnösel brauchte es etwas länger. Ab und an kriegt der mal wieder eine Message, aber dann ist es auch für länger gut.

Ist ja kein schlechter Kerl der Kleene, gut spielen kann ich ja mit ihm, wenn mir mal danach ist (selten), dann geht's aber richtig zur Sache. Aber eins ist klar, ICH entscheide, wann gespielt wird!

Von meinem Papa – der ist übrigens echter bauernadeliger „auf und davon" Border - habe ich meine hübsche Figur, tolle Zeichnung und Farbe.

Aber ganz besonders bin ich die treueste Seele für meinen Chef!

Und da ich ja schon früh wusste, der will mal Trainer für Hundeführer werden, durfte ich es ihm ja nicht so einfach machen. Von wegen einfach mal spielen. Nix da. Dafür musste der sich ganz schön anstrengen, als er es dann drauf hatte, war ich sehr stolz auf ihn.

Jetzt kann ich ihn auf die Mensch- bzw. Hundheit loslassen. Aber seid mal sicher ich begleite ihn auf Schritt und Tritt. Sicher ist sicher. Wehe es meint einer, er müsste aus der Reihe tanzen!!!

Ach übrigens – auch wer mich „Zicke" nennt – den liebe ich trotzdem!!!

Eure Lady Polly (Chefin von allen)

PS: Hypnose beherrsche ich auch.

---

[1] *Klarheit bringt hier das Kapitel Rabattmarken*

Tipp 5: Lobfaulheit!!!

Dieses Kapitel hat bei mir auf dem Hundeplatz oft den Untertitel „Gehst Du zum Freuen in den Keller?"

Da mühen Sie sich ab, Ihrem eigenen Hund das gewünschte Verhalten abzuringen. 10, 15 oder gar 30 und mehr Fehlversuche. Ja, Sie sind gut. Sie bleiben geduldig und emotional neutral.

Weitere Fehlversuche. Ihr Hund – die treue Seele – arbeitet ganz eifrig und konzentriert mit.

So langsam geht es in die gewünschte Richtung.

Und dann passiert es! Auf einmal! Total unerwartet! Obwohl Sie es doch schon beim ersten Versuch erwartet haben. Aber nein jetzt, jetzt passiert es und Sie sind nicht vorbereitet darauf.

Das gewünschte Verhalten ist da. Sie sind erstaunt, überrascht. Bringen gerade ein neutrales „Fein" über die Lippen. Es klingt ähnlich wie „Nein"! Schauen dann zum Trainer und sagen, der hat das ja gemacht?!?

Spätestens jetzt rauft sich der Trainer die Haare und brüllt: „Llllloooooobbbbeeenn!" – „Menno – gehst Du auch zum Freuen in den Keller?" und hat wieder ein graues Haar mehr.

Erinnern Sie sich an den Tipp „Eigene Emotion"? Hier noch mal der Auszug auf den ich an dieser Stelle eingehen möchte.

„...Unsere Stimme ist sehr entscheidend für unsere Hunde. Eine gewisse Bestimmtheit (ohne ungeduldige Emotion) muss sie bei notwendigen Korrekturen haben. Das sich hoffentlich anschließende gewünschte Verhalten soll mit einer positiven Stimme (hier darf ruhig Freude dabei sein) bestätigt werden..."

Wenn etwas gut läuft, darf sich gefreut werden; wenn etwas besser läuft als erwartet, machen wir ein richtiges Fass auf – Feeeeteeeee! Und „Ernst bei Seite!"

Die Faulheit im Lob ist sehr, sehr groß. Das Lob und die damit zum Ausdruck gebrachte Freude ist für Ihren Hund das größte Danke-Schön! Besser als jedes Leckerli – das kommt doch erst danach!

Polly Spricht

Das kannst Du vieeeellll besser!

Guten Morgen, Chef !

Oh je, ich merke, der hat schon wieder diese komische Hose an und packt unsere Trainingstasche anders als sonst. Ich kenn ihn ja zu Genüge, jetzt denkt der doch glatt, er müsste mir mal wieder was Neues beibringen.

So langsam sollte er doch kapiert haben, dass ich auf diesen Mist überhaupt keinen Bock habe.

Auf meiner ToDo Liste für heute stehen ganz wichtige Dinge wie, Ausschlafen, lecker Frühstücken, danach raus und Zeitung lesen. So nach dem Wochenende hat sich vieles angesammelt, das unbedingt gelesen werden muss. Logisch „Lokalteil!" – was denn sonst! Nebenbei Geschäfte erledigen, bin ja eine richtige Business-Frau, und dann ab auf die Wiese und Mäuse jagen.

Also erst mal halten wir den Chef bei Laune, damit er sich mit dem Frühstück so richtig schön Mühe gibt und damit es dann auch schnell raus geht. Dafür ist Scooby wiederum ganz gut. Den kann man so herrlich vorschicken, dann haben die beiden genug miteinander zu tun und ich habe meine Ruhe, kann mal eine Runde chillen.

Das heißt, volles „Chef-Motivationsprogramm" abspielen: mit einem doppelten „Wuff - Wuff". Schau mal, wie der sich darüber freut! Jetzt nochmal richtig anspringen und mit beiden Vorderläufen voll in die Zwölf. Das mag er besonders gerne, dann jault er richtig laut und nimmt mich in den Arm, so wie ich es mag.

Neeee, bloß nicht lange halten, sondern jetzt ab mit dir.

„Ich hab Hunger!!!"

Klar - ihm dabei tief in die Augen schauen, dann gibt's auch mehr Futter. Nebenbei - habe ich schon erwähnt, dass ich Hypnose beherrsche?

Okay, hat geklappt, so und nun Chef, hol mal die Leine und lass uns endlich raus. Und da ich ja weiß, was DU vorhast, ziehe ich ganz heftig nach vorne. Wir kennen das Spiel ja, Druck erzeugt Gegendruck – je mehr Druck ich mache, umso weniger Lust hat der für sein Vorhaben.

Jetzt hat er die Schnauze voll. Der Karabiner macht „schnapp" und ich „tschüss".
Nun ganz genüsslich Zeitung lesen, cool wie der sich dabei aufregt, weil es nicht weitergeht. Hmmm, diesen Artikel hab ich noch nicht verstanden. Muss nochmal zurück und erneut lesen. So, jetzt habe ich den Lokalteil durch. Mal eben gucken, wo mein Chef ist. Ach der ruft da hinten irgendwo, da brauch ich erst gar nicht zu schauen. Ich weiß ja, wo er ist.

Jetzt in aller Ruhe auf die Wiese und Mäuse suchen. Was für ein herrlicher Tag!

Scooby spricht

Guten Morgen – Aufstehen !!!!

Hmm, ist das kuschelig hier ... war da ein Geräusch aus dem Schlafzimmer vom Chef?

Doch nicht, ist ja auch noch dunkel draußen, und meine Chefin rührt sich auch noch nicht. Boah, die ratzt eh immer so viel und wenn die anfängt zu schnarchen, das hält kein Hund aus.

Blöd – jetzt bin ICH aber WACH!

Nun gut – erst mal ein bisschen die Pfoten vertreten. Uaaaaahhhhhh – gähnen und mal so richtig lang Strecken ... und den Schlaf aus dem Fell schütteln.

So – jetzt sind wir fit, und der Tag kann starten!

Tapp, tapp, tapp ... mal schnell die Treppe hoch und ... Mist ... die Tür ist zu.
Nö – hab keine Lust zu warten. Schwupps, mal eben auf die Hinterläufe und mit der rechten Vorderpfote und einem lauten „KLACK" die Klinke runter und hoch schnappen lassen. Ich kann das auch ganz leise, aber jetzt soll der ja wach werden.

Ihr glaubt ja gar nicht, wie das wirkt. JETZT ist Chef (spätestens) wach. Und gut erzogen ist der auch, er ruft mich (hört sich an wie „Raus") und da komm ich ja gerne zu ihm. Mal voll den Turbo in den Schwanzwedler eingelegt und dann hab ich ihn bestimmt weich gekocht...

Achtung ... gleich ruft der noch „Scooby" und „logo" ich bin ja schon da und laufe für ihn ganz aufgeregt wie auf einem Catwalk, wild mit meiner schönen Rute wedelnd und richtig laut mit den Krallen (Highheels bei den Models) klappernd auf dem Laminat rum.

Hab doch ein gut dressiertes Herrchen oder?

Es ist mal wieder Weihnachten und Ostern!

Wie jeder Tag !

Scooby spricht

„Tür zu?"

Also um mal eins klar zu stellen. Ich kenn mich aus. Ich habe auch alles das gesehen, was mein „Chef" (lassen wir ihn mal in dem Glauben) sich so hundetechnisch alles im TV anschaut *(gäääähnnnnnn)*. Meistens schlaf ich dabei ein, kaum mal was Neues für mich!

Aus meiner Sicht als Hund ist da auch schon einiges richtig. Laut Herrn Bloch bin ich ein „A-Tier" (Kategorie Schnösel, der lange nicht erwachsen wird – warum auch???!!!) und dann nehmen wir noch Herrn Millan - da bin ich „Scooby Dooh" (oder wie mein Chef mich auch immer ruft in der Hoffnung, ich würde kommen) mit einem sehr hohen Energielevel, dann natürlich ein echter Rassehund „Australien Shepherd" mit der schönen Farbe Blue Merle und doch letztendlich einfach ein normaler Hund, der gerne mal etwas Stunk sucht und nie satt wird.

Ach so, und dann haben wir noch den Herrn Rütter, der ja sagt, ich habe keine Aufgabe und muss beschäftigt werden. Letzteres könnte ich ja selbst ganz gut, aber ich hab da ja noch meinen Chef – der soll ja nicht arbeitslos sein.

Aber das meiste bring ich mir selbst bei. Was übrigens gar nicht geht, ist, dass mein Chef Türen hinter sich schließt und ich nicht für ihn sorgen kann. Nee das geht gar nicht. Stell dir mal vor, dem passiert was und ich krieg es nicht mit!

Also konnte ich nicht umhin, mir das „Tür öffnen" selbst bei zu bringen.

Jetzt meint mein Chef, ich müsste das „Tür zu" auch noch lernen. Aber das ist ja absolut bescheuert. Erst mach ich die Tür auf, damit ich für ihn sorgen kann und dann wieder zu?

Nein also mal ehrlich, habt ihr bei uns Hunden schon mal gesehen, dass ein Hund vor dem anderen die Tür auf und dann wieder zu macht?

Genauso ein Unfug wie „Bei-Fuß gehen".

Braucht Keiner!

Scooby verarscht mich!

Wer kennt sie nicht, die Momente, in denen man seinen Hund am liebsten an die Wand klatschen möchte. Vorausgesetzt, man kommt an ihn ran!

Scooby hat irres Potential darin, irgendeinen Unfug anzustellen. Ich werde bestimmt noch häufiger irgendeine seiner unendlichen Anekdoten auspacken.

Diesmal nutzte er die Chance mich auszusperren, und das nicht nur einmal.

Dazu muss man wissen, dass die Haustüre sich auf der nördlichen Hausseite befindet und auf der südlichen Gartenseite die Küchentür heraus. Diese Tür ist eine normale Balkontür. Also Griff runter Zu, Griff quer, und dann geht sie auf.

Ich gehe durch diese Tür raus, und Scooby bleibt eigenartigerweise drin. Ich dachte mir aber nichts dabei, bis ich wieder rein wollte.

Die Tür war ja nur zugeschoben.

Kein Problem, kann man ja aufdrücken. Denkste, nichts tut sich. Hat doch der kleine Drecksack den Türgriff beim Zuschieben nach unten gedrückt.

Aber ich ärgere mich nicht. Bin ja clever. Der Hausschlüssel steckt immer von außen. Also rum ums Haus. Zur Nordseite, wie Sie wissen. Und was steckt ausnahmsweise mal nicht? Der Hausschlüssel!

Aber ich ärgere mich nicht. Bin ja clever. Also schnell den Ersatzschlüssel aus dem Versteck holen. Die Haustüre aufschließen, den Ersatzschlüssel wieder zurücklegen. Durch die Haustüre rein.

Und weil´s so schön war – es war herrlicher Sonnenschein - wieder durch die Küchentür nach draußen ... es ist ja die Südseite, wie Sie wissen.

Ich will wieder rein – und? Ich glaub´s net! Die Tür ist wieder zu und der Türgriff nach unten.

Scooby schaut von drinnen - ganz unschuldig - durch die Scheibe!

Alf – Das U-Boot

Welcher Hundebesitzer hat nicht den Wunsch, bei schönstem Sommerwetter am See mit seinem Hund schwimmen zu gehen? Klar, jeder Hund kann schwimmen.

Ist ihm genetisch mitgegeben. Heißt es.

Mein erster Familienhund war unser Alf. Ein echter Zuchthund, Rasse Teckel – superschön. Sogar adelig „Alf von Wellingrade". Wer es nicht weiß, das liegt im Bergischen Land.

Also zurück. Damals – lang, lang ist es her, und meine Eltern wissen das nicht. Die hätten mir den Arsch versohlt.

Ich ganz jung, Alf vielleicht 5 Jahre. Ich nehme ihn auf dem Rad im mit zum Baggersee, ein schönes klares Gewässer.

Mein Wunsch war ihm nicht Befehl. War ja auch ein Teckel. Wieso sollte der auch freiwillig mit mir Schwimmen gehen?

Also ich - konsequent - nehme ihn auf meinen Unterarm (größer war Alf ja nicht). Halte ihn über die Wasseroberfläche und ja – es funktioniert. Automatisch fängt der an zu paddeln.

Die Trockenübung hat er damit erfolgreich bestanden.

Nun, dann kann ich ihn ja richtig zu Wasser lassen. Alf schaut mich aus seinen treuen schwarzen Augen mit den braunen Augenbrauen irgendwie komisch an. Langsam lass ich ihn ins Wasser sinken, die Pfoten paddeln weiter. Gut so.

Uppppsssssss.

Alf geht unter!

Gleichmäßig wie ein U-Boot.

Gottseidank glasklares Wasser, die Luftperlen blubbern aus seinen Lefzen an die Wasseroberfläche.

Da habe ich ihn dann doch ganz schnell wieder hochgeholt.

Soviel dazu:

> JEDER Hund kann schwimmen.

Alf nicht !

Übrigens Alf wurde 14 Jahre alt und hat davon keinen Schaden genommen.

Tipp 6: Parken

Stellen Sie sich vor, Ihr Hund wäre ein Mann!

„Hä? Was soll das denn jetzt?"

Nun, ganz einfach, den Männern wird doch nachgesagt, dass sie nur eine Sache gleichzeitig können. – Richtig - oder?

Also das ist *DIE* Eselsbrücke zum Training.

Jetzt fragen Sie sich, was hat Parken mit Training zu tun?

Parken im Training ist ein sehr wichtiges Element, ganz besonders im Trainingsaufbau (nur das Loben steht noch darüber!).

Die meisten möchten zu viel und zu schnell mit ihrem Hund trainieren. Letztendlich weiß der Hund dann nicht, was sie gerade ausbauen möchten und wobei er ihnen folgen soll.

Erfahrungsgemäß nehme ich mir <u>einen</u> – <u>NUR einen</u> - Übungsschritt vor, den ich jetzt wiederholen (um die 80 %ige Sicherheit zu erreichen) oder ausbauen möchte (über 80 % Sicherheit). Wenn ich weiß, was ich tun möchte, hole ich meinen Mann – ähm Hund „Ernst".

Mit Ernst übe ich dann - wie im Tipp 5 Lobfaulheit beschrieben. Stellt sich das gewünschte Ergebnis ein – riesige Fete mit Ernst.

Anschließend wird Ernst auf seinem Ablageplatz „geparkt". Hier darf Ernst für ein paar Minuten nachdenken, warum ich denn eine riesige Fete gemacht habe.

Hunde möchten uns Hundeführern gefallen und natürlich gefeiert werden.

Durch das Parken zwischen den Trainingseinheiten haben sie die Möglichkeit, einerseits emotional wieder runter zu kommen (weil ich ja gelernt habe richtig zu loben) und andererseits zu verinnerlichen, was wir da gerade geübt haben.

Die Praxis zeigt, dass erfahrene Hunde mit diesem Konstrukt aus richtigem Trainingsaufbau mit Lob und Parken meistens sogar viele Zwischenschritte überspringen und uns schneller zum gewünschten Ergebnis bringen.

Hier noch eine Randbemerkung.

Hoch drehende Hunde (hoher Energielevel) geben den Hundeführern oft das Gefühl, sie müssten noch mehr mit ihren Hunden tun.

Dies ist ein Teufelskreis! Je mehr Sie darauf eingehen, umso mehr wird ihr Hund zum Trainingsjunkie. Alles im Übermaß ist nicht gut. Bestenfalls wird er sie mit Aufmerksamkeit heischendem Verhalten und Bellen belästigen.

Den Hund dann wieder auf einen vernünftigen, arbeitsfähigen Aufmerksamkeitslevel zu bringen, ist eher mühsam.

Das klappt nicht mehr so richtig

Kommt ein Mann zum Arzt und fragt ihn ganz aufgelöst:

"Herr Doktor, mit meiner Frau und mir, das klappt nicht mehr so richtig. Was könnte ich denn da machen?"

Arzt: "Kommen Sie mal mit ans Fenster. Sehen sie, wie der Hund dort die Hündin, die an der Laterne festgebunden ist, so richtig besteigt - sehen Sie, genau so wird's gemacht!"

2 Wochen später - unverhofftes Treffen....

Arzt: "Und?"

Patient: "Nichts... Meine Frau wollte sich einfach nicht nackt an die Laterne binden lassen..."

Der Pinsel

Prolögchen:

Die Vorgeschichte. Ein Möpschen hatte in der letzten Zeit öfter mit Darmproblemen zu kämpfen und grade mal wieder so ein kleines Malheur. Als interessierter Trainer fragt man ab und an mal nach, wie es geht, dank der neuesten Technik Iphone über WhattsApp. Hier der Dialog...

<u>Ich</u>	<u>Hundeführerin</u>
Hallo, wie geht's?	Danke gut
Ich meine, Deinem Hund	Naja so langsam wird es wieder. Antibiotika wirken Gott sei Dank.
Kannst vorsorglich ein Darmgel geben.	Warum?
Stellt die Darmflora wieder her. Wenn Du magst, ich hab noch eins hier.	Oh, hab eins vom Tierarzt bekommen.

Ab jetzt sitzt mir der Schalk im Nacken

Du musst es mit einem Pinsel auftragen?	Was ?

Na, das Darmgel.

Neee, deins vom Tierarzt.

Nein! Wirklich!
(Gottseidank sieht sie nicht, wie ich mich vor Lachen nicht mehr halten kann)

Ja!

*Jetzt wurde mir doch langsam etwas mulmig, dass sie es doch gleich am Hund ausprobiert.
Kein Kopfkino jetzt!*

Du kannst Dir gar nicht vorstellen, wie ich mich vor Lachen grade nicht mehr halten kann.

Deins?

10 Sekunden Sendepause
Du verarscht mich doch grade.

Du meinst, hinten, von innen mit einem Pinsel...?

10 Sekunden Sendepause
Wie soll das denn gehen?

Also hast du mich doch verarscht!
Und ich wollte schon wirklich....

Tja, und so ist der „Pinsel" ein geflügeltes Wort bei uns geworden.

Das Jahr der Möpse

Bis dahin waren wir ein ganz normaler Hundeverein – und dann kamen sie, die Möpse. Eine richtige Mopsinvasion, zack, zack, zack hatte die Mopsmafia die Rassenmehrheit erobert. Möpse wie sie unterschiedlicher kaum sein können:

    Mylow – der Froschkönig

    Rocky – Nachname Balboa

    Tessa – von Contessa (also doppelt adelig)

    Na und dann so halbe Möpse wie Beppels und … und … und…

Weitere sind angedroht!

Was sind Möpse? So im Internet zu finden:

„Abstammend irgendwie von einer Dogge sind sie robuste, kompakte Hunde - angenehme Begleithunde. Sie sind intelligent, verspielt, gutmütig und lernwillig."

Leider hat irgendjemand verpasst, diesen Möpsen das Lesen bei zu bringen!
Passender ist da eher:

„Dieser streitlustige und individualistische Kleinhund ist ungemein hartnäckig und eigensinnig. Er weiß, was er will, und gibt nicht eher nach, bis er sein Ziel erreicht hat."

Je mehr die Hundeführer sich mit ihren Möpsen „rumärgern", umso mehr dumme Sprüche gibt's bei den Zuschauern….

Und da ja auch Kinder vielleicht dieses Buch mal lesen, verzichtet der Schreiber doch auf die Möbse-Sprüche! (Selbstzensur)

Übrigens haben wir beschlossen, dass jetzt der Langnasen-Mops gezüchtet wird.

Der Mops-Trainer

Wer Mops-Hundeführer als Freunde hat, braucht keine Feinde mehr.

Nicht nur, das sie noch mehr Möpse in das Training bringen, nein, sie versuchen sich sogar an eine Begleithundeprüfung.

Alle drei vorgenannten wagten sich an den Start.

Als die Prüferin alle Hunde sah, rutsche ihr raus:

„Ihr habt ja einen richtigen Mops-Trainer!"

Wunderbar – jetzt versucht man als Trainer rassenneutral zu bleiben und dann das!!!

Und dann bekommt man noch als liebevolle Anerkennung so eine schöne Karte mit der Bemerkung vom Mops-Trainer zum Mops-Träger.

Ist der Ruf erst einmal ruiniert –
lebt es sich vollkommen ungeniert!

Sprachlosigkeit beim Trainer

Wer fragt, kriegt teilweise Antworten, die einen Trainer sprachlos machen.

Hat manchmal etwas vom „Dummfrager" bei FFH, wobei ich mal unterstelle, dass sie mir alle mit voller Absicht so antworten!

Wie heißt der weibliche Rüde:

> *Rüdin oder*
> *Rüdelinchen (falls der Hund kleiner als 30 cm ist)*

Wie heißt der männliche Hündin?

> *Hünde.....*

„Hast Du das „Sitz" nicht geübt?

> *„Doch aber mein Hund mag nicht auf dem feuchten Boden sitzen!"*

„Lauf einen Kreis und komm genau wieder bei mir zurück."
> *„Aber da stehst Du doch gar nicht!?"*

„Wo ist dein Hund?"

> *„Oh, brauche ich den? oder*
> *„Den habe ich im Auto vergessen ..."*

„Was meinst Du, was Dein Hund da gerade macht?"

> *„Wie süß, mein Hund passt auf mich auf."*
> *„Nein, er verteidigt sein Eigentum!"*

Der Hund hat gerade sein großes Geschäft mal wieder auf dem Platz abgelegt.

> *„Heute waren wir nicht Gassi, mein Hund mag Regen nicht."*

„Warum bist Du nicht zum Training gekommen?"

> *„Mein Hund hat mir gesagt, das mag er nicht."*

Tipp 7: Mit dem Hund arbeiten

Der Hund ist ein von Menschen domestizierter Wolf. Entsprechend der vom Menschen gewünschten, verschiedenen Einsatzgebiete wurde selektiert und gezüchtet. Dieser Prozess ist ca. 15.000 Jahre alt.

Mittlerweile hat der Hund in unserer jetzigen Zeit kaum eine wirkliche Aufgabe mehr. Die Suche nach DEM Familienhund in der Zucht ist groß, aber wird m.E. nie abgeschlossen sein, da der Hund auch jetzt noch über 99 % der Wolfsgene besitzt.

Eine ganz persönliche Anmerkung zwischendurch:
Hoffentlich sind die Züchter zumindest so verantwortungsvoll, dass aggressive Hunde trotz körperlicher Schönheit (leider ist oftmals einziges Zuchtziel das Aussehen) NICHT für die Zucht eingesetzt werden.

Zurück zu „Ernst". Ernst hat in unserem Leben eher eine unterhaltsame Rolle. Begleiter, Spielgefährte, Kumpel, Freund, aber keine Aufgabe wie Hüten, Bewachen, Schutz, usw. Diese Rolle lastet ihn keineswegs aus. Ganz im Gegenteil.

Ohne eine Aufgabe, wird er sich eine Aufgabe suchen. Das was, Ernst sich aussucht, gefällt uns manchmal nicht wirklich.

Herdenschutzhunde fangen an, ihr soziales Gefüge zu kontrollieren. Wachhunde werden übertrieben vieles bewachen, Jagdhunde gehen ihrem natürlichen Jagdtrieb unkontrolliert nach. Diese Aufzählung kann unendlich fortgesetzt werden.

Und wenn wir ehrlich sind, tut der Hund das, was ein Hund tun muss! Wenn sie dieses Verhalten zeigen, sind sie nicht dumm, wie es oftmals behauptet wird.

So Sprüche wie „Der ist dumm. Macht alles kaputt. Hat nur Unsinn im Kopf. usw." zeigen, dass der Hund einfach nicht gefordert ist.

Oftmals heißt es dann noch zusätzlich, „Ich gehe doch stundenlang mit ihm spazieren." Spazierengehen ist notwendig für die Grundbedürfnisse des Hundes wie „Geschäfte erledigen" und „Zeitung lesen", aber keine wirkliche Beschäftigung.

Es sei denn, wir fangen an, mit ihm zu arbeiten. Aus diesem Zusammenhang heraus kommt der umgangssprachliche Begriff „mit dem Hund arbeiten".

Deswegen gehen wir ja auch mit Ernst an die Arbeit und suchen uns einen wunderbaren Mix aus körperlicher Tätigkeit (Ausgleich zum Bewegungsbedürfnis) und Kopfarbeit.

Hierzu gibt es eine riesige Auswahl an Betätigungsfeldern. Ich kann nur sagen, raus aus der Bequemlichkeit und den gleichen zeitlichen Aufwand in ein sinnvolles „Arbeiten" stecken.

Ihr Hund „Ernst" wird es Ihnen danken und seinen Blödsinn weitestgehend einstellen. Aber seien sie nicht zu ernst mit "Ernst", denn es soll alles weiterhin Spaß machen.

Beliebte Hundenamen

Die Namensgebung für Hunde ist schier unbegrenzt und da es ja kein Standesamt gibt, das vielleicht noch regelnd eingreift, ist letztendlich alles erlaubt.

Und ganz ehrlich gesagt, ist es dem Hund „sch....egal".

Zuchthunde kriegen ja mit dem Buchstaben des Wurfes beginnende Phantasienamen (Bella, Bolla...), die kein Hundeführer behält, geschweige denn den Hund interessieren.

Ich komm ja eh nicht, wenn DU willst!

Wunschnamen werden bei der „Inbesitznahme" gegeben, die im Alltag schnell um unzählige Rufnamen ergänzt werden, die noch mit Intonation aufgewertet werden, die manchem Opernsänger Schamesröte ins Gesicht treibt.

Es sind die skurrilsten Kombinationen im Umlauf - hier nur einige Variationen:

„Verrückte Nudel"	„Drecksack"	„Eins-Zwei-Drei"
„Sauerbraten"	„Wurstfabrik"	„Scheisskerl"
„Mistviech"	„Hier"	„Ran"
„Komm"	„Nein"	

Und ganz ehrlich gesagt, kehrt sich der Hund einen Dreck drum, wie er genannt wird.

Hauptsache, er kann tun, was er will!

Außer einer süßen, kleinen, kuschelknuddligen Amy!

Alte Frau schnell machen!

Polly – also „Lady Polly" ist in die Jahre gekommen und kann auf 8 Lenze zurückschauen. Ob sie das wirklich interessiert? Ich denke, nein.

Mit 8 Jahren und ihrer sehr ökonomischen Spezialität, keine Kalorie unnötig zu verbrauchen (siehe Kapitel „Das kannst Du vieeeellll besser!") gehört sie eigentlich im Agility zum alten Eisen, also Seniorengruppe.

Wir schreiben immer noch das Jahr 2012. Im Orbit findet man uns an der Nordsee. Woowww. Das erste Agility Trainings Camp. Kaum angekommen, gibt es die ersten Ausfälle. Ihre Hündin hatte sich ein typisches Frauenleiden zugezogen.

Nein, keine Kopfschmerzen, nein, auch keine Migräne, nein auch nicht „ihre Tage".!!
Wegen der Zensur gehen wir da nicht mehr weiter drauf ein. Ganz einfach eine heftige Blasenentzündung. Nein, keine Blasen an den Fußballen !!!! Menno.

Zurück zum Training, damit die Hundeführerin – ich nenne Sie mal Frau M. – auch trainieren kann, durfte Polly mal wieder einspringen.

Erstaunlicherweise war Polly sooo schnell, dass Frau M. Vollgas geben musste. Als Trainer brüllt man dann immer „Reeeeeeennnnnnn!!!" Die Hotelgäste drum herum freuen sich über die Sonntag-morgendliche Lautstärke, schließlich ist es ja erst 8 Uhr, und die anderen Hunde feuern Polly auch an.

Also nach dem 5. oder 6. Lauf von Polly und Frau M., sage ich freudestrahlend zu den anderen „Da ist die Alte noch mal ganz schnell geworden!".

Wenn Blicke töten könnten, dann in diesem Moment!

Frau M. schaut mich mit stechenden Augen an!

Ich sage: „Ich meine mit Alte … meinen Hund … die Polly!".

Zack, gab es auch noch eine Kopfnuss weg von Frau M.

Aber sie war mir nicht böse, schließlich bin ich doch ein ganz lieber netter Kerl (manchmal).

Nachttraining und Nebenwirkungen

Da wir ja in solchen Gefilden wohnen, wo es schon mal ab Herbst etwas früher dunkel wird und wir nicht in „Schilda" leben, kamen wir auf die Idee, nicht mehr die Trainingszeiten dem Tageslicht anzupassen, sondern endlich etwas neuzeitliches Flutlicht auf den Platz zu bringen.

Also, es war dunkel, die Flutlichtstrahler an. Neben ein paar Hürden sollten die Hunde in die Tunnel geschickt werden. Für Unwissende, ein Tunnel hat zwei Enden und im Gegensatz zur Wurst sogar zwei Eingänge, je nachdem, von wo man es sieht.

Gerade dieses sehen hat jedoch bei Dunkelheit, obwohl es ja eigentlich dank Flutlicht hell ist, trotzdem einige mentale Nebenwirkungen.

Die Hunde werden nicht mehr in die Eingänge geschickt, in die sie eigentlich sollen.
Schon phänomenal auf welche Ausreden die Hundeführer(innen) da so kommen.

„Ich bin nachtblind!" - erinnert ein bisschen an „Es war Nacht, der Mond schien helle..." bis hin zu „Ich sehe das Loch nicht!" Antwort: „Es ist das schwarze Ding da."
„Oh, jetzt sehe ich es auch."

Unglaublich, welchen unerwarteten Nebenwirkungen man als Trainer ausgesetzt ist.

Der Menschenflüsterer!

Nachdem wir alle die vielen lehrreichen TV Shows „Der Pferdeflüsterer", „Der Hundeflüsterer" und so weiter intensiv gesehen haben, gibt es jetzt auch den

„Menschenflüsterer!"

Diese wunderbare Erscheinung ereilte mich im Jahre 2012 in unserem – jetzt magischen – Agility Trainings Camp. Nicht nur, das die Menschen lernten, ihre Hunde über diese komischen Hundeparcours zu führen, jetzt lernen die Hunde sogar noch, mit dem Menschen zu flüstern.

Was ist geschehen? Am dritten Tag erschien der eine oder andere nicht zum Training. Okay, Unpässlichkeiten als unerwünschte Nebenwirkungen lässt man ja gelten.

Alkoholexzesse ausgenommen, die werden mit schwindelerregenden Parcours bestraft – Rache muss sein, denn:

„Wer kann saufen, kann auch laufen!"

Als Trainer hat man bei den Ausreden fast einen Flash-Back zurück in die eigene Schulzeit, als man versuchte, den Lehrer mit irgendwelchen Aussagen für dumm zu verkaufen.

Gefragt, warum denn "Dieunddiejenige" nicht da sei und ob jemand was weiß – schließlich wollen wir ja vollzählig weitermachen – kam die Antwort:

„Die kommt nicht, weil der Hund kein Agility mag."

Komisch – habe ich mich gestern verguckt? Da hat es dem Hund sichtlich Spaß gemacht, sich endlich bewegen und springen zu dürfen.

Auf die meines Erachtens berechtigte Gegenfrage, wie sie drauf käme, dass der Hund Agility nicht mag, kam die Antwort:

„Das hat er ihr gesagt!"

Nun fiel mir nur noch von Hirschhausen ein („Glück kommt selten allein"), der in solchen Situationen als Arzt leichte Psychopharmaka verabreicht, um die Wahrnehmung wieder gerade zu rücken.

Tipp 8: Bedürfniskonflikte

Haben Sie schon Tipp 4 Eigene Emotionen gelesen? Falls nicht, einfach mal kurz nachholen. Die Zeit haben Sie nicht? Nein, dann besteht schon ein Bedürfniskonflikt bei Ihnen selbst.

Eigentlich ist das Thema „Bedürfniskonflikt" uns allen klar. Nur vergessen wir es oft, vornehm ausgedrückt ...

Nehmen wir einfach mal folgendes einfaches Beispiel:

Es sind so die kleinen Dinge im Leben, die einen erleichtern, so wie das „kleine Geschäft", das oftmals zu kurz kommt.

Vornehme Ausdrucksweisen wie „Das Lösen des Hundes sollte unterbleiben!" oder ähnliches findet man in den Platzordnungen.

Damit ist umgangssprachlich und allgemein verständlich gemeint, kein Hund soll auf den Platz kacken oder pinkeln – auch nicht im Stehen!

Nicht nur weil keiner Euren Mist wegräumen will, sondern, damit die anderen nicht noch etwas dazulegen.

   Schließlich ist ja nicht jeden Tag Ostern.

Egal wie das Geschäft aussieht, es ist eine Markierung, eine Botschaft, die meistens viele Dialoge mit anderen Markierenden nach sich zieht („Nun pinkeln sie alle dahin!").

Also zurück zum Beispiel.

Wenn wir ausreichend dafür gesorgt haben, dass unser Hund vor dem Training sich erleichtern und seine Bildungslücke beim Zeitunglesen schließen konnte, dann haben wir auch kein Problem.

Das Problem entsteht dann, wenn wir – und der Leidtragende ist dabei der Hund – uns vorher nicht ausreichend Zeit nehmen.

Wer kann schon konzentriert „Sitz" machen, wenn die volle Blase oder der Darm im Weg ist?

Ganz im Ernst, wir setzen uns dann auch gerne, erleichtern uns und können dann entspannt wieder unsere Arbeit aufnehmen.

Also der Bedürfniskonflikt liegt in diesem Beispiel darin, dass der Hund einfach muss, und der Hundeführer schnell zum Training möchte.

Die eine Seite des Bedürfniskonflikts ist leider oftmals der Mensch mit seinem Zeitdruck. Achten Sie einfach mal darauf ihrem Hund vor dem Training das ausreichend zu geben, was er braucht – ZEIT!

Wie anfangs schon gesagt.

Eigentlich ist das Thema „Bedürfniskonflikt" uns allen klar. Jetzt achten wir darauf, vornehm ausgedrückt ...

Der liebt Dich!

Wer kennt die Situation nicht, man beugt sich vor. Spricht mit dem Hund - manchmal ziemlich bescheuert, wenn man sich selbst dabei hören würde!

Kommt seiner Schnauze dabei immer näher, so tuzituzituzi-mässig. Oh Gott was bin ich bescheuert. Und, schwupps, ist es passiert. Eine große, lange, sehr feuchte, gar nicht lecker riechende Zunge klatscht unters Kinn und zieht sich schleimig über Unterlippe, Oberlippe, zur Nase bis über die Augen.

Iggggiiitttttttt. Bähhh. „Jod, heißes Wasser, bähhh der hat mich geküsst!"

Und dann schaut man in den entrückt, verzückten Blick der Hundeführerin, die da sagt:

„Der liebt Dich!"

Ich denke nur ..."von Hirschhausen" und leichte Psychopharmaka!!!

Der Mops von Fräulein Lunden

von James Krüss

Der Mops von Fräulein Lunden
war eines Tags verschwunden.

Sie pflegte muss man wissen-
tagtäglich ihn zu küssen.

Das hat dem Mops, wie allen,
die ehrlich sind, missfallen.

Der Küsse überdrüssig,
ward unser Möpschen bissig.

Er stritt mit allen Hunden
und selbst mit Fräulein Lunden.

Und gestern oder heute
entfloh er, liebe Leute.

Er floh vor Kuss und Schleifen.
Man kann den Mops begreifen.

Denn Schleifchen sind ihm schnuppe.
Ein Mops ist keine Puppe.

Dem Mops sind Küsse Qual,
so lautet die Moral.

Ins Gras gebissen!

Wie bei den Menschen gibt es unter den Hunden auch „Hass-Lieben". Mit der Zeit lernen sie, ihre Hundeführer immer besser auszutricksen, um den geeigneten Zeitpunkt für eine kleine Pöbelei mit ihrem „Freund" zu suchen.
(siehe auch Kapitel „Rabattmarken")

So auch wieder heute.

Emu (Rüde) nimmt Sichtkontakt mit Pey (auch Rüde) auf.

Kaum ist Emu im Parcours unterwegs, denkt er sich, endlich da bist du ja wieder, mein Freund Pey. Mit dir habe ich immer noch ein „Hühnchen zu rupfen!".

Aber erst mal Frauchen austricksen, die zweite Hürde links liegen lassen (oder war das rechts?) und dann schnell auf die Wippe, weil da gibt's ja noch den Zwischenstopp, an dem der stärkende Imbiss gereicht wird.

Jetzt, wo Frauchen versucht, sich wiedermal im Parcours zurechtzufinden, und flehentlich hilfesuchend zum Trainer schaut, da ist er: „DER Moment!"

Mit Vollgas auf ins Gefecht ... mal sich gegenseitig ein bisschen „auf die Fresse" hauen ... Dummerweise hat sich Pey gerade - als ich so richtig schön in seinen Arsch beißen will - weggedreht ... Bäähhhh jetzt hab ich die Schnauze voll ... mit Gras!

Solche Dinge passieren immer wieder. Sicherlich nicht schön, aber es passiert.

Aus Sicht einer Zuschauerin wird das Ganze in verkürzter Form, wie folgt an die neben ihr stehende Zuschauerin in einem kleinen Dialog wieder gegeben.

„Emu hat ins Gras gebissen!"

Betroffenheit bei der anderen. „Ist der tot?"

Irritierter Blick... „Ähh nein, der hat ins Gras gebissen!"

„Wie ins Gras gebissen?"

„Ja, Emu hat daneben gebissen, ins Gras!"

„Ach soooooooo!"

Etikette

Wir wollen ja immer schön Vorbild für andere sein. Schließlich sind wir ja ein Hundeverein mit Vorbildfunktion.

Wir schreiben immer noch das Jahr 2012. Agility Trainings Camp. Das erste zufällige Gassigehen-Treffen auf der Gasse kurz vorm Deich. Und wie das so ist, natürlich im Dunkeln.

Und da ja eh bald Halloween ist, laufen die ersten mit Leuchthalsbändern rum. Einigen dieser Halsbänder wachsen extra für Halloween richtige Hörner, die von innen beleuchtet sind.

„Ja das alte von letztem Jahr verkaufe ich. Die LEDs waren nicht stark genug."

„Das rote?"
„Nein, das war doch rosa."

„Neee das war rot."

Als Trainer kann man nur noch grinsen. Gott sei Dank ist es dunkel. Sie sehen es nicht.

Nun gut, was wäre ein Gassigang, wenn ein Hund nicht dabei kackt.

Während sie sich über die Farbe streiten, hat sie es natürlich nicht gesehen.

Ich: „Dein Hund kackt."

Sie: „Wo?"

Ich: „Da hinten."

Tapp, tapp, tapp...

Sie: „Pfiffi komm mal her. Hier ist es so dunkel. Du hast ja das neue Leuchthalsband an. Dann sehe ich Deinen Haufen besser."

„Ich finde ihn nicht."

Ich: „Weiter links."
„Das ANDERE links."

Sie: „Finde nix."

Ich: „Du hast doch das Iphone und die Lampen-App."

Sie: „Ach ja stimmmmmmt."
„Finde aber immer noch nix."

Ich: „Dann zieh die Schuhe und Socken aus. Taste mit den Zehen im Gras und da, wo es zwischen den Zehen warm wird ...!"

Gott sei Dank - es ist dunkel!!!!

Elefantenknochen

Wer mich kennt, weiß, dass die Gesundheit der Hunde bei mir einen hohen Stellenwert hat. Da ich mich auch für alternative medizinische Methoden interessiere, lasse ich meine Sporthunde ein bis zweimal im Jahr chiropraktisch durchchecken.

Kann ich übrigens nur jedem wärmstens empfehlen! Also den Hunden!

Einmal war Scooby wieder fällig. Irgendwie hatte er sich etwas verrenkt, sein Gang war etwas schief. Also wir ab zur Chiropraktikerin. Eine nette junge Frau – schließlich will man ja auch was davon haben....

Scooby ist ja kein Kind von Traurigkeit. Jeder Tierarztbesuch ist selbstbelohnend für ihn. Schließlich bekommt er ja dort immer Leckerlis von denen. Wenn nicht ... holt er sie sich.

Also, Scooby muss Showlaufen für die erste visuelle Diagnose, dann runter in den Behandlungsraum. Wie gesagt, Scooby kennt sich aus...

Die erste Behandlung und dann darf Scooby sich mal etwas „vertreten", während wir uns ganz angenehm unterhalten.

So nebenbei frag ich, ob es schlimm ist, dass Scooby in DEM anderen Raum ist (er kann ja Türen öffnen).

„Nein, gar nicht schlimm. Da ist nix zu fressen drin ..."

Ein paar Sekunden später ... es raschelt ... wir hören einen geräuschvoll stöbernden Scooby.

„Ähm ….Schei..e!"

Die Chiroprakterin sprintet zu dem anderen Raum, hechtet durch die Tür und kommt glücklich strahlend mit einem riesigen Knochen zurück.

„Gott sei Dank hat Scooby den Elefantenknochen NOCH nicht entdeckt. Den haben wir extra als Anschauungsobjekt für die Ausbildung präparieren lassen:"

Scooby zockelte freudig schwanzwedelnd, seine Schnauze leckend und dabei ganz sehnsüchtig auf den Knochen blickend hinter ihr her.

Sein fragender Blick: „Ist der für mich?"

Tipp 9 Bindung

Die beiden nachfolgenden Textabschnitte sind aus der Quelle Wikipedia zitiert:

"Die Bindungsbereitschaft des Hundes ergibt sich aus der Trennung von der Mutter und dem natürlichen Bedürfnis nach Schutz. Damit überhaupt eine Bindung an den Menschen zustande kommen kann, ist die Sozialisation ... an Menschen in ... seiner Entwicklung nötig. ... Hunde sind jedoch auch in der Lage, später schnell, das heißt innerhalb weniger Tage, neue Bindungen einzugehen, was insbesondere an Tierheimhunden beobachtet wurde.

Die Bindung von Hunden an Menschen ist nicht nur von der sozialen Umgebung abhängig. ... Vielmehr bestehen Parallelen im Bindungsmuster zwischen Hunden und Kindern. Wie bei Kindern führen bei Hunden Störungen der Bindung zu typischen Verhaltensstörungen. Es ist die Aufgabe des Menschen, dem Bindungsbedürfnis des Hunds gerecht zu werden. Dabei muss er einen Weg finden zwischen Überbehüten des Hundes und dem Vernachlässigen von dessen Schutzbedürfnis, sein Handeln bestimmt die Qualität der Bindung. Er muss die Bedürfnisse des Hundes erkennen, entsprechend reagieren und dem Hund ein verlässlicher Partner sein."

So, wie Eltern Verantwortung für ihre Kinder übernehmen (müssen), so haben Hundeführer die Verantwortung als Rudelführer für ihre Hunde zu übernehmen!

Sind oder werden Sie sich dieser Rolle bewusst. Bei Unsicherheiten fragen Sie gut ausgebildete Hundetrainer, die nicht nur ein Konzept umsetzen, sondern auch auf den individuellen Charakter des Hundes eingehen (können).

Die Rolle ist sehr vielseitig. Meines Erachtens ist der wichtigste Punkt im Aufbau und Pflege der Mensch-Hund Bindung:

„Das Vertrauen".

Letztendlich spielen in diesem Punkt alle von mir beschriebenen Tipps hier zusammen.

Es gibt ein paar grundlegende Dinge, die sehr hilfreich sind, die Bindung zwischen Ihnen und Ihrem Hund zu fördern.

Voraussetzung ist natürlich, dass Sie den Hund auch wirklich wollen. Ich betone dies bewusst, da mir schon mehrere Fälle begegnet sind, bei denen Bindungsaufbau an dieser inneren Einstellung scheiterte.

Meinen Teilnehmern vermittle ich im Workshop „Wer ist der Boss?" – hier geht es um die Rolle des Rudelführers – den Hund dazu zu bringen, uns auch in Situationen zu vertrauen, die er ansonsten meiden würde.

„Stellen Sie sich vor, das Haus brennt lichterloh, Sie befinden sich mit Ihrem Hund darin und es gibt nur den Weg durchs Fenster. Würde der Hund Ihnen vertrauen?"

Kommando: Hier

Es ist schon verblüffend, was so ein Hund alles ertragen kann. Eines ist sicher, unsere Sprache spricht und versteht er eigentlich nicht. Und sollte er kurz davor sein, werden wir Menschen es sicherlich sofort zu verhindern wissen.

Als Trainer versucht man, sich in die Situation des trainierenden Teams hineinzuversetzen und dabei den Menschen mit seinen Handlungen zu verstehen, was schon schwierig ist, obwohl doch einfache Aufgaben gestellt werden.

Der Mensch schafft es auf wundersame Art und Weise, alle seine Waffen einzusetzen, um es seinem Hund richtig schwer zu machen, ihn zu verstehen.

Als mitleidender Hundemensch fühlt man sich absolut überfordert, wenn dieses wild fuchtelnde „Ungetüm" mit scheinbar tausend Tentakeln und einem schier unbegrenzten Wortschatz auf den arbeitswilligen Hund einwirkt.

Der Versuch, ihn ansatzweise verstehen zu wollen, wird mit systematischer Sicherheit im Keim erstickt, indem die nächste widersprüchliche Handlung überfallartig auf den Hund hereinstürmt. Es hat etwas von einer Komödie.

Ein wunderbares Beispiel dafür ist das Kommando „Hier".

Es klingt so simpel.

Aber wenn man sich dann in die verschiedenen Akteure dieser Komödie und deren „Standpunkte" hineinversetzt, dann wird es unübersichtlich.

„Hier" kann einfach bedeuten: „hier" zu sein.

Aus Sicht des Rufenden, also bei ihm. Wo immer das auch sein mag, links oder rechts neben ihm.

Oder auch „Hier" = „da wo ich bin" – aus Hundesicht. Also kann ich doch Hier bleiben – oder?

Oder auch – aus Hundesicht – ich weiß jetzt, dass Herrchen genau da (also im Umkreis Hier) ist. Also weitermachen!

Also, nur eine Frage des Standpunkts.

Manchmal ist das auch einfach der letzte Versuch, die Aufmerksamkeit des Hundes nach mehreren erfolglosen Fehlversuchen zu bekommen.

„AAAmmmyyyyy" „Nein" „Sch...." „Hiiieeeerrrr".

Wir wollen ja gar nicht davon reden, dass es sich hierbei um ein festgelegtes Prüfungskommando mit eindeutigem Bewegungsablauf in der Begleithundeprüfung handelt.

„Hier" das magische Kommando mit multipler, aber absolut un-eindeutiger Bedeutung für Mensch und Hund.

Warum ich meinen Hund nicht SEX nennen sollte...
(Quelle: Internet diverse Foren, Ursprung unbekannt)

Jeder der einen Hund hat, nennt ihn Bello oder Hasso. Um einen nicht so alltäglichen Namen für meinen Hund zu haben, habe ich ihn damals "Sex" genannt - es war ein Fehler, wie sich später herausstellen sollte.

Als ich auf die Gemeinde ging, um ihn nach dem Umzug bei der Hundesteuer anzumelden, sagte ich dem Beamten, dass ich meine Steuern für Sex bezahlen wollte. Er meinte, dafür gäbe es noch keine Steuer. "Aber es ist für einen Hund" antwortete ich. Er meinte nur, Beischlaf mit Tieren sei zwar verboten, aber eine Steuer gäbe es trotzdem nicht. "Sie verstehen mich nicht", sagte ich. "Ich habe Sex, seit ich 9 Jahre alt bin." Dann warf er mich raus.

Als ich geheiratet habe und in die Flitterwochen gefahren bin, habe ich meinen Hund mitgenommen. Da ich nicht wollte, dass uns der Hund nachts stört, sagte ich dem Mann am Hotelempfang, dass ich ein extra Zimmer für Sex bräuchte. Er meinte nur, dass jedes Zimmer des Hotels für Sex wäre. "Sie verstehen mich nicht", versuchte ich zu erklären. "Sex hält mich die ganze Nacht wach!". Aber er meinte nur "mich auch".

Eines Tages ging ich mit Sex zu einer Hundeausstellung. Jemand fragte mich, was ich hier wollte, und ich sagte ihm, dass ich vorhatte, Sex in der Ausstellung zu haben. Darauf meinte er, ich solle vielleicht meine eigenen Eintrittskarten drucken und verkaufen. Als ich ihn fragte, ob die Ausstellung im Fernsehen übertragen würde, nannte er mich pervers.

Einmal war Sex krank und ich musste ihn beim Tierarzt lassen. Am nächsten Tag wollte ich ihn abholen. "Ich komme wegen meinem Hund" sagte ich. "Welcher ist es denn?" fragte mich die Frau beim Tierarzt, während sie in der Kartei blätterte. "Hasso oder Bello?" - "Wie wär's mit Sex?" fragte ich und bekam eine runtergehauen.

Bei meiner Scheidung wurden meine Frau und ich vor Gericht geladen, um unsere Habseligkeiten aufzuteilen. Natürlich wollte ich meinen Hund keinesfalls an sie abtreten. „Euer Ehren, ich hatte Sex schon, bevor ich verheiratet war!" sagte ich dem Richter. „Na und? Ich auch!" antwortete er nur.

„Aber meine Frau will mir Sex wegnehmen!" beschwerte ich mich.
Er meinte nur: „Das ist das, was bei allen Scheidungen passiert!"

Am gleichen Tag ist mir der Hund auch noch abgehauen und ich musste im Tierheim nach ihm suchen. Dort fragte mich jemand, was ich wollte. Als ich ihm sagte, dass ich Sex suche, meinte er, hier wäre nicht der richtige Ort, danach zu suchen. Ich suchte noch die ganze Nacht nach ihm.

Um 4 Uhr morgens fragte mich ein Polizist, was ich mitten in der Nacht auf der Straße suche. Ich sagte ihm, dass ich Sex suche....

Er sperrte mich ein

Zum Schluss

Jetzt mal was Ernstes

„Ernst Pass Auf!"

Zum Ende dieses Buches möchte ich doch noch mal etwas Ernstes ansprechen.

Unsere Hunde haben es verdient, ein gutes, auch hundegerechtes Leben führen zu können. Wir sind nicht (mehr) in der freien Wildbahn, sondern müssen uns in die Umgebung, in der wir leben, integrieren:

> Umgang mit anderen Hunden, Menschen, Kindern, Gefahren, Beschränkungen, Rücksichtnahme auf die Bedürfnisse anderer und, und, und ...

Die meisten in Deutschland lebenden Hunde (weit über 8 Millionen!) sind reine „Gebrauchshunde", die aber (leider) keine Aufgabe mehr haben.

Das Wort „Integration" kennen unsere Hunde nicht.

Hunde sind keine Menschen! Der Hund stammt nach wie vor vom Wolf ab und hat immer noch mehr als 99% der Gene des Wolfes in sich, die er in seiner Lebenszeit mit uns nicht ablegen wird!

Genau da liegt Ihre Aufgabe als Hundehalter und Hundeführer und diese Verantwortung haben

Sie
ein Hundeleben lang
für Ihren Hund!

Es gibt sicherlich keine Universallösung für alle. Versuchen Sie trotzdem, Ihrem Hund einen zu ihm passenden Ausgleich zu bieten.

Tun Sie etwas mit Ihrem Hund, und er wird es Ihnen danken:

„Ein hoffentlich schönes Hundeleben lang!

Tipp 10: Kind und Hund

Hunde gehören mittlerweile zum Alltag von Kindern. Sie leben mit ihnen in der Familie oder sie erleben Hunde bei Besuchen. Sie treffen beim Spielen, beim Spaziergang oder beim Einkauf häufig auf bekannte oder fremde Hunde.

Kinder verhalten sich oft „falsch" und werden von dem Hund als Objekt für eine Maßregelung oder als Angreifer/Konkurrent angesehen. Deshalb gibt es vereinzelt unerwünschte Reaktionen der Hunde.

Schätzungsweise werden ca. 50.000 Bissverletzungen jedes Jahr in Deutschland ärztlich behandelt, davon sind mehr als 50% der Opfer Kinder.

Kinder bewegen sich schnell und lösen dadurch den natürlichen Jagdinstinkt des Hundes aus. Sie verhalten sich oft unwissentlich falsch, indem sie das Tier bedrängen, es dominieren wollen, es am Schwanz ziehen, auf ihm reiten wollen oder es erschrecken. Da dies aber typische kindliche Verhaltensweisen sind, muss bei der Prävention von Bissverletzungen genau an dieser Stelle angesetzt werden.

Die Kinder sollten lernen, dass sie mit den Hunden nicht umgehen können wie mit Spielzeug oder einem menschlichen Spielkameraden.

Fangen Sie schon im Kindesalter an, das artgerechte Verhalten gegenüber Hunden zu vermitteln, dann besteht eine gute Chance, Hundebisse und Angst einflößende Situationen mit Hunden zu vermeiden.

Es gibt eine Verantwortung auf beiden Seiten. Zum einen vom Hundeführer, der Sorge dafür tragen muss, dass keine Übergriffe stattfinden können.
Zum anderen liegt diese Verantwortung bei den Eltern. Bringen Sie Ihrem Kind bei, Respekt vor Hunden zu haben. Angst ist falsch!

Respekt in der Form, dass Futter- und Schlafplätze absolut tabu sind. Das gilt auch, wenn Hunde mit Futter in Berührung kommen (Fressen, beim Training, bei der Zubereitung, beim Einkauf, in der Küche, etc.). Hierbei entsteht beim Hund Eifersucht um die Ressourcen (Futter, Sicherheit, emotionale Zuwendung).

Helfen Sie einfach mit. Gehen Sie mit Ihren Kindern zusammen zu Hundeschulen und Hundevereinen. Viele bieten auch Kurse bezüglich des richtigen Umgangs mit dem Hund an. Vielleicht machen Sie den Kurs gemeinsam mit den Kindern, das ist ein Erlebnis für alle.

Wir haben ganz tolle Trainingserlebnisse mit Jugendlichen und ihren Hunden. Sie lernen, Verantwortung für ihren Hund zu übernehmen und sich durchzusetzen.

Dann beginnt der richtige Spaß mit Kind und Hund!

Abschließend zum Buchtitel

Wenn wir ganz ehrlich sind, kann diese hoch wissenschaftliche Frage (noch) nicht eindeutig beantwortet werden. Alle bisherigen Antworten bringen uns die Lösung näher, aber etwas fehlt noch.

Während des Lesens sind Ihnen beim Schmunzeln vielleicht weitere Antworten dazu eingefallen, die uns in dieser hoch wissenschaftlichen Fragestellung weiterhelfen können.

Dann seien Sie bitte so gut und senden Ihre Antworten an mich.

Epilog

Hat Sie dieses Buch zum Schmunzeln gebracht? So hat sich meine Mühe gelohnt. Empfehlen oder besser noch – verschenken Sie es weiter.

Nur verschenken Sie nicht ihr eigenes Exemplar – Sie werden noch öfter drin stöbern!

Spätestens an dieser Stelle sollten die geneigten Leser dem Hundetrainer – also mir - und allen meinen Berufskollegen eine Runde der Anerkennung spenden!

Ob ehrenamtlich engagiert oder aus beruflicher Profession heraus, alle geben sie ihr Bestes um Ihnen auf die eine oder andere Art zu helfen, trotzdem soll und darf der Spaß dabei nicht auf der Strecke bleiben.

Allen Kolleginnen und Kollegen – bei allem Engagement – wünsche ich Euch und mir immer wieder eine ordentliche Portion

„Spaß" unter den „Pfoten.

Hey Chef! War das ALLES?

Ja, ich bin nun am Ende meines ersten Buches angelangt und muss feststellen, das Schreiben hat richtig Spaß gemacht.

Und wie wir sehen, sind Polly & Scooby mittlerweile gut ausgeruht und warten voller Tatendrang schon auf die

Fortset-ZU(n)G.

Zumindest ist für die beiden die Frage

Warum dürfen NUR Hunde im Stehen pinkeln?

nicht eindeutig beantwortet!

Ich selbst denke eher über den

„Menschen-flüsterer"

nach.

Nein ich denke nicht mehr,
ich schreibe es bereits.